No Caminho do Santo Graal

No Caminho do Santo Graal

Os antigos mistérios cátaros

por

A. Gadal

Editora Rosacruz

Título original:
SUR LE CHEMIN DU SAINT-GRAAL

Tradução da edição francesa de 1983

3ª edição brasileira revisada e corrigida
2004
IMPRESSO NO BRASIL

LECTORIUM ROSICRUCIANUM
ESCOLA INTERNACIONAL DA ROSACRUZ ÁUREA

Sede Internacional
Bakenessergracht 11-15, Haarlem, Holanda
www.rozenkruis.nl
info@rozenkruis.nl

Sede no Brasil
Rua Sebastião Carneiro, 215, São Paulo, SP
www.rosacruzaurea.org.br
info@rosacruzaurea.org.br

Dados Internacionais de Catalogação na Publicação (CIP)

Gadal, A.
No Caminho do Santo Graal; os antigos mitérios catáros / por A. Gadal; [tradução Lectorium Rosicrucianum]
– 3.ed. rev. e corr.
Jarinu, SP: Rosacruz, 2004. – 160p.; 21cm

Título original: Sur le chemin du Saint-Graal

ISBN 85-88950-18-9

1. Albigenses 2. Graal 3. Ritos iniciáticos
4. Rosacrucianismo 5. Templários I.Título.

03-4412 CDD-273.6

Índices para catálogo sistemático:
1. Catarismo: Cristianismo 273.6

EDITORA ROSACRUZ
Caixa Postal 39 – 13 240 000 – Jarinu – SP – Brasil
Tel (11) 4016.4234 – fax 4016.3405
www.editorarosacruz.com.br
info@editorarosacruz.com.br

Índice

Segunda Parte

Grutas-igrejas de Ornolac: O Eremita

Terceira Parte

Belém

Prefácio
da edição brasileira

O leitor que se aventurar por estas páginas verá que este livro lhe reserva surpresas.

Por um lado, somos envolvidos por uma história fascinante que evolve do documentário ao romance, do fato consumado à esperança de uma nova vida.

Por outro, acompanhando par a par o conteúdo, também a forma se expressa magicamente.

Como a lagarta que se recolhe em crisálida para acordar borboleta, suas linhas e parágrafos no início obedecem uma rigidez geométrica para aos poucos se render ao lirismo da história e se versificar.

É o prosaico acolhendo as linhas cálidas da poesia em seu seio e dando lugar ao lirismo do amor cátaro.

Os versos livres se proliferam num crescendo até o fim que é um novo começo.

É o hino cátaro da vitória eterna que ainda hoje ecoa no vale do Ariège.

Os editores

Prólogo

Possa o conteúdo deste livro encontrar seu caminho pelo mundo inteiro, a fim de que o nosso irmão bem amado, A. Gadal, antigo servidor da fraternidade precedente, guardião dos antigos santuários de Ussat-Ornolac, fiel e incansável divulgador dos mistérios cátaros, veja seu trabalho frutificar nos corações de numerosos buscadores.

Catharose de Petri
J. van Rijckenborgh

Monumento simbólico de Galaad

Introdução

No final do século XI, a Europa ocidental principiou paulatinamente a despertar dos "séculos das trevas" que seguiram à queda do império romano. Esse despertar trouxe uma verdadeira renovação do mundo e dos homens em muitos aspectos da vida. Eram tempos de grandes mudanças.

Do ponto de vista religioso, os homens tornavam-se conscientes de suas necessidades espirituais; e surgiu um anelo por uma vida interior mais profunda e intensa. A Igreja romana havia se convertido em um poderoso baluarte político, em uma instituição muito próspera, orientada para o poder exterior material, que, porém, não refletia a essência espiritual do cristianismo vivo.

Por esse motivo, apareceram incontáveis movimentos religiosos que, em maior ou menor medida, diferiam da religião oficial imposta por Roma.

No sul da França, na chamada Occitânia, na região de Albi, nasceram e floresceram diversas comunidades religiosas, conhecidas mais tarde com o nome de "os albigenses".

O grupo mais conhecido, e que influenciou grandemente o mundo ocidental, foi o dos cátaros (palavra que provém do grego *katharoi*, que significa puro). Embora confessando-se cristãos, rapidamente foram afastados da Igreja de Roma e declarados hereges.

Os cátaros baseavam sua fé na Bíblia e, principalmente, no Evangelho de João, que interpretavam de forma puramente espiritual. Não havia entre eles nenhuma hierarquia; todos eram irmãos. Ele, o Cristo, havia proibido todos os títulos: somente Ele era o Mestre e somente Deus era o Pai; e o maior devia ser o servidor de todos.

O cristianismo significava para os cátaros "Gnosis", o conhecimento interior de que a única verdade é Deus. E Deus é amor. Tudo o mais, no mundo, é uma ilusão.

Segundo seus ensinamentos, o homem devia anelar elevar-se acima da matéria para chegar a Deus. Todos os laços que uniam o homem com o mundo perceptível deviam ser rompidos. E o único meio de consegui-lo era distanciando-se deste mundo e sobretudo de si mesmo, nada mais possuindo para si. Somente dessa maneira era possível alcançar um coração puro e imaculado, que poderia percorrer o caminho do Santo Graal, o caminho das estrelas.

Os cátaros denominavam *endura* esse processo de ruptura. Para realizar essa purificação do ser era necessário passar por uma longa e difícil iniciação. Durante quatro anos de austeridade – dormindo, trabalhando, comendo e orando nas grutas de Ussat-Ornolac – os fiéis passavam por um processo de transformação, como uma lagarta que, através de sua metamorfose em crisálida, converte-se em uma bela borboleta.

Quem levava a bom termo a *endura*, recebia o *consolamentum**, o batismo de fogo que selava a ruptura definitiva com o mundo. Os homens que receberam esse sacramento foram chamados *Puros, Perfeitos, Bons-homens**.

Por causa dessa visão gnóstica do cristianismo, os cátaros defrontaram-se abertamente com a Igreja romana. No seio de sua comunidade religiosa, o Espírito ocupava um lugar central na triunidade da essência divina: o Paracleto, o Consolador, o Renovador do mundo. Para eles, o mundo é salvo pelo Espírito, que é amor, e não pelo martírio e a expiação. Por essa razão, a Igreja dos cátaros foi chamada de Igreja da Consolação, Igreja do Amor.

A comunidade dos cátaros não era formada somente por Perfeitos, mas também por inúmeros fiéis – os crentes – que puderam experimentar a força do amor do Paracleto, embora não tivessem realizado a *endura*. Alguns desses crentes recebiam o sacramento do *consolamentum* pouco antes de morrer.

A religião cátara arrebatava tanto o coração anelante dos homens que ansiavam pela renovação da fé, que até os meados do século XII a maior parte do sul da França havia se convertido ao catarismo. A influência da Igreja de Roma foi extraordinariamente reduzida naquela região, entretanto também em outras partes da Europa o anelo por um desenvolvimento espiritual foi crescendo e se manifestando de diversos modos.

A resposta de Roma diante desses desenvolvimentos foi esmagadora. Baseando-se na idéia de que essa "heresia" ameaçava o poder da Igreja romana e que,

* As palavras marcadas com asterisco são explicadas no glossário do final do livro. N.T.

por isso, devia ser totalmente extinta, a perseguição a todos os inconformistas da Europa teve início. A época da Inquisição começara. Milhares e milhares de pessoas em toda a Europa foram levadas à fogueira.

Também os cátaros sofreram esse destino. Com a promulgação de uma "cruzada contra os albigenses" no concílio de Latrão, em 1215, o papa Inocêncio III proscreveu todo o movimento cátaro. Exércitos inteiros foram organizados. Cidade após cidade e aldeia após aldeia caíram nas mãos dos cruzados. Depois de longos interrogatórios, os cátaros foram queimados em massa ou emparedados vivos. Seu último grande refúgio, o castelo de Montségur, caiu em 1244.

E não foi senão em 1329 que Roma conseguiu extinguir todos os vestígios do tão pacífico e espiritual catarismo. Pelo menos, foi o que se acreditou. Porém, o Espírito não pode ser morto, queimado, emparedado. O Espírito é eterno e onipresente.

O caminho do Santo Graal permanece aberto para todo buscador verdadeiro. Oculta aos olhos do mundo, a herança dos cátaros foi transmitida durante séculos, de homem a homem.

Assim essa herança chegou até nossos dias pela mão de Antonin Gadal, o último patriarca cátaro, por sua vez discípulo do historiador Adolphe Garrigou.

A. Gadal nos relata neste livro, de uma forma extraordinariamente bela, na pessoa do jovem Matheus, o caminho que percorriam os crentes que desejavam ser iniciados nos mistérios cátaros.

Possa este livro ser um farol para o buscador moderno e que, guiado por sua luz, ele possa encontrar, também nesta época, o maravilhoso tesouro do Santo Graal.

Este símbolo encontra-se na gruta "A Acácia" em Ussat, e expressa de forma clara e surpreendente "o caminho do Santo Graal".

A curva no alto simboliza o caminho das estrelas, o caminho da transformação (ou transfiguração), através de sete planetas, materializados nas "sete comunidades da Ásia", expressão velada do glorioso caminho de regresso através dos sete planos cósmicos.

Nesse caminho, de um lado o ser material do homem (o triângulo pequeno) diminui constantemente, tornando-se cada vez mais tênue, mais sutil; de outro lado o homem verdadeiro (o triângulo maior) cresce sem cessar, em pura espiritualidade, em poder divino, cada vez mais amplo e maravilhoso. É o mistério do Alfa e do Ômega, do Ômega e do Alfa; o mistério da transformação (da transfiguração) ininterrupta, a elevação para além da influência da matéria, o regresso absoluto do "puro homem-espírito, semelhante ao Pai".

Quem percorre esse caminho manifesta claramente os três aspectos do único Deus que, com o auxílio do Espírito santificante (a Lua), torna o homem liberto o portador do reino do Amor, expressado pelo triângulo descendente, símbolo da Divindade que se sacrifica.

Daí, novamente, o símbolo da triunidade, base de toda a manifestação universal, e da resplandecente luz sétupla, cujo sacrifício para a salvação e redenção da humanidade expressa-se pelas sete ondas que simbolizam o mar infinito da plenitude cósmica.

Por esse sacrifício, eleva-se, no mundo da queda, o Templo do Espírito, a Escola dos Mistérios Cristãos, erigida sobre cinco colunas, as cinco gotas do sangue de Cristo (a quíntupla iniciação aos mistérios cristãos), através dos três círculos sétuplos (Ver o livro *O mistério iniciático cristão: Dei gloria intacta* de J.van Rijckenborgh). Ou dito de outra maneira: os cinco Elohim do Pai que derramam pelo Filho, no Santo Graal, seu sangue, seu amor, com o objetivo de que M., Maria, a Mãe espiritual do Espírito, da Igreja do Espírito, tome a Água Viva curadora, a água da vida eterna, para oferecê-la a todos os que buscam verdadeiramente e que, sendo dignos dela, possam realmente recebê-la.

Este símbolo, que representa o monograma de Cristo, encontra-se em Ornolac e é composto dos seguintes significados:

o círculo da eternidade;
o *Resch** P, letra misteriosa que representa o Filho de Deus;
a letra grega *Chi*: Cristo;
o *Alfa*, o começo;
o *Ômega*, o fim;
Caput Christi, invertido: símbolo da morte;
Caput Christi, direito: símbolo da vida.

Tudo está em concordância:

Cristo, Deus-o-Filho, é o Alfa e o Ômega, o começo e o fim; o começo: a vida e a morte; o fim: a morte e a vida.

Cruz do Grão-Mestre do Templo

O Patriarca do Sabartez

Galad[1], o fiel guardião do Graal, é o filho espiritual daquele que há muito tempo, durante três quartos de século, tornou conhecido grande número de riquezas históricas do Sabartez* – condado de Foix.

O nome de Adolphe Garrigou ainda é lembrado em todos os lares do Alto Ariège, apesar da sua morte datar de 1897. Sua vida austera, toda de modéstia e de trabalho, é um exemplo.

Aluno modesto, seu sucessor seguiu seu exemplo, tanto quanto as circunstâncias o permitissem. Ele não pôde apresentar as coisas do passado como queria: pôr as grutas e cavernas em condição de complementarem a história; em uma palavra, fazer reviver inteiramente a alta espiritualidade que continua irradiando do centro iniciático de Ussat-Ornolac.

1 Anagrama do nome Gadal.

As galerias subterrâneas só revelam paulatinamente o que ouviram e entreviram; mas, mesmo assim, certos pontos continuam obscuros.

O *porto do catarismo** pirenaico é vasto; sua história complicada permaneceu durante séculos quase desconhecida. A hora não havia soado; o loureiro não havia reflorescido.

Mas eis que, em todas as partes da nossa velha Europa, soou o despertar do Santo Graal.

O Sabartez surpreendeu-se com seus másculos tons; o entusiasmo dos Puros é nobre no caminho do amor, do belo, do bem, eterno e imortal caminho do Santo Graal.

Ó querido Patriarca! Tua felicidade deve ser grande: nada está perdido do teu ensinamento, que veio dos grandes mestres de outrora!

Primeira parte

Grutas-igrejas de Ussat

Gruta em Ussat-les-Bains

Quem quiser ser meu discípulo,
que renuncie a si mesmo e siga-me.

Jesus

I

O Sabartez, as grutas iniciáticas dos Perfeitos

Quem quiser ser meu discípulo, que renuncie a si mesmo e siga-me.

Jesus

O Ariège, afluente do Garonne, em corredeiras na metade do seu curso, nasce nos confins de Andorra, em plenos Pireneus, se dirige para o norte e desemboca no Garonne, um pouco acima de Toulouse. Ele deu seu nome a um departamento[2] em parte montanhoso e em parte plano, cuja capital é Foix.

Esse departamento correspondia aproximadamente a uma província: o condado de Foix, unido à coroa da França por seu último conde, que se tornou o rei Henrique IV.

Muito antes da formação do condado de Foix, a parte do vale do Ariège situada acima da cidade de Foix havia sido habitada pelos taruscos, os tarusconienses de

[2] Subdivisão administrativa do território francês. N.T.

Plínio. César respeitou-lhes o território e Augusto nada mais fez que ratificar essa decisão.

Tarusco, Tarascon-sur-Ariège, era a sua capital. Tarascon, município romano, permaneceu sempre independente, governado por seus cônsules, sempre evitando o domínio de um soberano.

Em 718, os árabes transpuseram os Pireneus e instalaram-se na região até 778. Foi nessa data que os exércitos de Carlos Magno, pela vitória do *Pré Lombard*, às portas de Tarascon, libertaram a região fronteiriça com a Espanha do jugo dos sarracenos.

Na tarde dessa memorável batalha, em 8 de setembro de 778, uma Virgem Negra apareceu ante os olhos maravilhados do exército franco: era a Virgem do Sabart, que deu seu nome ao planalto de Foix, o Sabartez[3].

A Virgem jamais quis ser transportada para outro lugar, pois por três vezes voltou à pequena capela que os soldados apressadamente lhe haviam erigido após a vitória.

Em 779, a capela do Sabart foi reedificada, ampliada e posta sob a proteção de Nossa Senhora da Vitória.

Lá no planalto, acima de sua flecha[4], o antigo *oppidum*[5] dos druidas protegia a sua Virgem Negra.

Uma grande peregrinação comemora, em 8 de setembro de cada ano, um acontecimento de importância primordial para toda a região: o fim da opressão sarracena.

---

[3] Ver lenda de *Nossa Senhora do Sabart*. N.A.

[4] Flecha: faixa de areia paralela ao rio e formada pela deposição de materiais de aluvião. N.T.

[5] Cidade fortificada pelos romanos. N.A.

Foix celebra nessa data sua magnífica festa da padroeira, assim como Quié, capital dos Queruscos, próxima de Sabart, também celebra sua festa campestre, que atrai muita gente.

Monumento histórico, a capela de Sabart faz parte, atualmente, da comuna de Tarascon, da qual é uma das jóias – lembrança preciosa de um passado cheio de beleza.

Foi a partir da libertação do território dos taruscos que a denominação Sabartez apareceu pela primeira vez.

São muitas as grutas do Sabartez ao redor de Sabart-Tarascon e das aldeias vizinhas de Ussat e Ornolac. Citemos as principais: Lombrives, Ussat, Ornolac, Bouan, Fontanet, Ramploques, O Eremita, etc. É devido aos seus santuários naturais sempre procurados que o Sabartez, desde o ano 350, viu a eclosão do catarismo pirenaico, sendo por isso chamado *o porto do catarismo*. Do outro lado da montanha de Thabe, ou Tabor pirenaico, a cidadela de Montségur, sentinela avançada em direção à Occitânia*, foi denominada *o farol do catarismo*.

Algumas dessas grutas serviram como local de iniciação – iniciação longa, severa, dura, para os sacerdotes cátaros, chamados Puros, Perfeitos, Bons-homens.

Eles habitavam mais especialmente as furnas, imensas moradas, seguras e agradáveis, lugares de encontro com a onipotente essência criadora.

Eles fortificaram algumas cavernas para fazer delas verdadeiras fortalezas que foram chamadas de *spoulgas**.

A gruta de Lombrives, bela, imensa, serviu de residência a um bispo e tornou-se a *Catedral dos albigenses* (este nome, albigenses, foi atribuído erroneamente aos cátaros).

As grutas de Ussat, de Ornolac, de Bouan, com a gruta intermediária do Eremita, tornaram-se as Igrejas de Ussat, de Ornolac (gruta de Belém), e de Bouan (as Três Igrejas).

No fim de sua iniciação, os Bons-homens que saíam de Belém, a Igreja de Ornolac, iam disseminar sua *boa palavra* mundo afora.

II

O *Mount Négré*

As Três Igrejas estão situadas a apenas três quilômetros de Tarascon, a antiga capital dos taruscos.

Essa cidade inexpugnável está construída sobre um promontório rochoso que domina e vigia cinco vales que convergem para o Sabart. Um caminho agradável liga diretamente a cidade às Igrejas, à margem direita do Ariège.

A casa condal de Foix possui uma pousada à margem da estrada de Ussat. É um velho castelo, situado num pequeno monte que domina Tarascon, construído pelos árabes quando sitiaram a velha cidade: a torre de *Mount Négré,* ou torre do Monte Negro.

Era aí, nessa dependência do castelo de Foix, que os diáconos, os bispos e os Bons-homens faziam uma parada quando iam a caminho das Igrejas.

Esclarmonde de Foix; Philippa, condessa de Foix (sua cunhada); Loup de Foix, fiel ao Paracleto; Esclarmonde d'Alion (irmã de Loup); Ermessinde, condessa de Foix, Guilhabert de Castres, o grande pregador cátaro... quantos nomes célebres dessa ilustre casa de Foix evocam a visão dessa epopéia medieval e, ao mesmo tempo, a alta espiritualidade das igrejas e da catedral do catarismo pirenaico!

E de um lado vemos: Ramon-Roger de Foix (um dos mais eloqüentes e valorosos príncipes de seu século, alardeado pelo trovador Guilhem de Tudelle), acompanhado de seus brilhantes vassalos, os senhores de Rabat, de Lordat, de Castel-Verdun, de Arnave, de Alion, etc. Todos eles firmes defensores da Igreja do Paracleto, do catarismo pirenaico.

De outro lado, os despojados sacerdotes cátaros, que nada possuíam neste mundo: nem casa, nem campo, nem dinheiro. Eles pertenciam inteiramente à comunidade. Castos voluntários do reino dos céus, eram, ao mesmo tempo, médicos e pregadores.

Os primeiros estavam armados dos pés à cabeça em defesa das terras invadidas e saqueadas.

Os segundos entravam humildemente nas Igrejas, após um giro benévolo, para aí meditar livremente sobre a vida e a morte, o começo e o fim, o Alfa e o Ômega.

A vida é a morte; a morte é o beijo de Deus.*

E é em busca desses veneráveis Bons-homens que, lenta e silenciosamente, dois homens do povo caminham: um pai e um filho. Nós os seguiremos até as imensas Igrejas de Ussat, onde o jovem, futuro noviço, depois de transpor a "muralha simbólica", embrenhar-se-á por um longo período na furna misteriosa, enquanto que o pai, com lágrimas nos olhos, abandonará para sempre o seu filho. Ele sabe, o pobre homem, que jamais terá de volta o filho; que só poderá tornar a vê-lo no mínimo depois de quatro longos anos, após sua saída de Belém pela "porta mística".

Gloriosa evocação!

Imensa dor!

III

As igrejas de Ussat

Pairando acima da materialidade, habitantes do mundo espiritual, os Perfeitos, discípulos de Cristo, iam mundo afora levar a boa palavra do Deus de Amor.

Que lhes importavam os perigos, o sofrimento, a cólera dos maus, os prazeres e a morte?

Ele o havia ordenado; Ele havia dado o exemplo, Ele havia ofertado o seu sangue e rogado ao Pai que perdoasse até aqueles que O crucificaram, aqueles que – horror supremo – O insultavam em Seu sacrifício.

E esse sangue, eternamente vivo, e essa prece de amor e de perdão, para sempre divina, davam asas e ânimo a esses discípulos do Mestre, sempre bem-amado, a esses Puros que, como Ele, sabiam sacrificar-se no amor e na caridade: o Santo Graal! Que o caminho para alcançá-Lo pareça suave aos homens de boa vontade.

Todo o Sabartez está mergulhado na mais absoluta quietude. O sol banha, com seus suaves raios, os declives verdes das montanhas, fazendo sobressair em grandes pontos negros as aberturas das grutas e das cavernas.

O Ariège, rodopiando suavemente no lago no fundo do vale, estende uma linha de reflexos prateados ao descer a encosta. Tudo parece suavidade, repouso, paz.

A antiga cidade dos taruscos, murada em sua rocha inexpugnável, está, ela também, encerrada numa tranqüilidade perfeita. Seu velho torreão e sua majestosa torre quadrada emergem dos tetos azulados das casas e derramaram um olhar protetor sobre todo o vale.

Numa trilha poeirenta que corta os flancos da montanha dos taruscos e liga a altiva capital às cavernas de Ussat e de Ornolac, dois homens caminham lentamente. Um, um pai, o outro, um filho, um jovem.

– Chegamos, meu filho. Eis as igrejas de Ussat, objetivo da nossa viagem. Coragem!

– Sim, pai. Coragem eu tenho.

Dali avista-se a entrada imensa da caverna. A trilha beira por um momento o lago formado pelo Ariège, torna a elevar-se íngreme por uns cinqüenta passos e chega a uma pequena porta. Ela está aberta.

Os dois homens entram e percorrem, a céu aberto, uma espécie de pátio circular, cercado de grossas muralhas de granito, tendo em seu centro um grande bloco plano, também de granito, colocado diretamente no chão, como uma mesa. Círculo druídico em cuja extremidade encontra-se uma grande porta, sustentada por enormes muros semelhantes a muralhas.

Essa segunda porta abre-se à chegada deles, permitindo, assim, ao pai e ao filho entrarem num vasto recinto de solo ligeiramente inclinado e formado por uma espécie de pedra britada, do tipo cascalho, que a rocha gretada desprende todos os anos na época das fortes geadas. Atrás da porta está um personagem grave, de barbas e cabelos longos, pés nus em sandálias de cânhamo, abertas. A roupa, uma espécie de toga negra, cobre-lhe o corpo. Entreaberta na frente, deixa entrever uma camisa com mangas e um pequeno bolso na frente, na altura do peito, onde um caderno era cuidadosamente guardado.

Um cinto cilíndrico e oco formado de setenta e dois fios de lã branca trançados, fazendo três voltas em torno da cintura, aumenta, se assim se pode dizer, a magreza do corpo. O rosto magro e pálido, as mãos e os pulsos tão pálidos quanto o rosto, contrastam com o negro da toga.

Ao avistarem o santo homem, pai e filho caem de joelhos.

– Que o Senhor vos abençoe e vos conduza a um bom fim, diz ele. Levantai-vos, meus filhos, e segui-me. Eu vos aguardava.

Os três caminham ao longo de um muro baixo, mas muito largo, que parece formar parte da própria montanha que cai abruptamente algumas centenas de metros.

Após andarem alguns minutos, muralhas enormes fecham novamente esse primeiro recinto, surgindo, então, outra espessa e sólida porta. Esta também se abre à sua chegada. Atrás dela, um novo personagem, que abençoa os recém-chegados e, substituindo silenciosamente o primeiro guia, conduz pai e filho a um segundo recinto.

Continuam ao longo do muro baixo e largo que se estende até ao ponto em que parece juntar-se à rocha por uma grande porta fechada.

A entrada imensa da caverna só pode ser percebida pela cúpula escura e grandiosa que se oferece ao olhar por cima do misterioso muro.

Sem uma palavra, o guia aponta para uma escada que está à frente e dá para uma abertura regular, estreita: é uma pequena gruta ao lado da caverna.

Pai e filho compreendem o gesto. Sobem a escada e, depois, curvando-se, seguem por um corredor baixo e estreito, empurram uma porta entreaberta e entram na capela.

É um túnel natural, adaptado. Em cada lado da rocha vêem-se numerosos entalhes feitos pela mão do homem; à direita, uma bacia recebe a água que cai da abóbada de um grupo de estalactites*, água lustral; à esquerda, diante da bacia, vê-se uma cavidade na rocha, escondida por um pedaço de linho branco, e, na parte inferior dessa cavidade, um granito para colocar os pés. Alguns metros mais adiante, uma pequena luz tremula num entalhe da rocha.

Entre a bacia de água lustral e a cavidade velada, bem no meio do túnel, há uma grande pedra plana com altura de uns 80 centímetros, colocada diretamente no chão de terra batida.

Diante dessa pedra, voltado para o oriente (para o lado da pequena luz tremulante), imóvel, está ajoelhado um outro personagem semelhante aos dois primeiros, porém, bem mais velho. Seus cabelos brancos caem para trás sobre sua roupa negra. Parece quase uma estátua.

Pai e filho ajoelham-se, põem-se a orar e aguardam. Algumas lágrimas perlam então nos olhos do pai.

Finalmente o Ancião se levanta, vira-se para os recém-chegados, deixando ver o seu belo rosto, tão branco quanto os cabelos, porém embelezado pelo jejum, pela oração e pela meditação. Ele diz:

– Que o Senhor vos abençoe e vos conduza a um bom fim. Afetuosamente ergue o pai, depois o filho.

– Ó pai bem-aventurado, continua ele, compreendo a tua dor passageira. O momento de deixar o teu filho querido chegou. Pensa, porém, no que ele se tornará daqui a alguns anos! – Perfeito, será um Perfeito, um discípulo de Cristo que é o Mestre do seu destino e do caminho das estrelas. Lembra-te das palavras do Mestre: *Em verdade vos digo: aquele que deixar sua casa, sua mulher, seus irmãos, seus pais e seus filhos pelo reino de Deus, receberá o cêntuplo neste mundo, e no mundo vindouro, a vida eterna.*

Não é, pois, a mais bela recompensa, a coisa mais desejada, e para um pai uma imensa felicidade, saber que seu filho é digno dessa recompensa? Enxuga as tuas lágrimas, pai, e regozija-te.

Quanto a ti, meu filho, eis que estás na casa do Senhor, no templo do Deus de Amor.

A tua bela resolução me agrada, porém a hora é grave para ti. Antes de tomar a tua mão para te conduzir à nossa morada, quero dar-te a liberdade de voltares atrás em tua decisão: ainda é tempo...

Observa essa extensa muralha que cerca todo o exterior das nossas igrejas, desde a porta que dá acesso ao primeiro recinto. Não é, como poderias imaginar, um muro protetor. Não, o seu papel é mais nobre: é a muralha simbólica. Aquele que a atravessa uma vez, não pode fazê-lo uma segunda vez, se deseja tornar-se um perfeito discípulo.

Do lado de onde vieste está o mundo material, ao qual ainda pertences. Do outro lado, o mundo espiritual, que não conheces.

Este mundo, não te devo ocultar, é cheio de trabalhos, de estudos, de orações e de jejuns, durante quatro longos anos; ele retém os nossos filhos na solidão e no silêncio solene das nossas grutas queridas, pois é preciso merecer o triunfo final da porta mística.

Reflete uma última vez e decide...

Mas não te esqueças do que o divino Mestre ordenou: *Aquele que quiser ser meu discípulo, renuncie a si mesmo e siga-me.*

O pai abaixa a cabeça para esconder sua emoção. Parece-lhe receber um grande golpe no coração quando ouve a voz do filho amado pronunciar as seguintes palavras:

– Eu quero. Eu vos sigo.

Cambaleando, com os olhos cheios de lágrimas, como se estivesse vivendo um doloroso sonho, sente dois braços enlaçarem seu pescoço e dois lábios depositarem um ardente beijo em sua fronte: o último beijo de seu filho.

Depois vê o Ancião tomar o jovem pela mão, descer a capela e, seguido por outros Bons-homens que não viu entrar, abrir a porta maciça, atravessar a muralha simbólica e embrenhar-se nas trevas da caverna misteriosa.

Ele vê essas trevas, que lhe parecem medonhas, prolongarem-se longe, bem longe; vê o cortejo perder-se nessa noite, seu filho desaparecer deste mundo material para sempre; por assim dizer, perdido para ele para sempre. Pobre pai, alquebrado pela dor.

Ele cai de joelhos. Está sozinho na capela. O mais absoluto e impressionante silêncio reina nos numerosos corredores, galerias, salas, que ele adivinha existirem por detrás das muralhas de rocha que formam o templo onde ele se encontra.

Fica por longo tempo assim, sofrendo e orando, alternadamente. Por fim, ergue-se penosamente, aproxima-se da cavidade da rocha escondida pelo linho branco e grita:

– Cristo, ó Cristo!... Perdoa a minha fraqueza de pai. Deus mo havia dado, Deus mo retomou. Que o santo nome de Deus seja abençoado.

E após urna fervorosa oração, por sua vez, sai da capela.

A porta, interditada aos simples crentes, está fechada. Ele a fita por um instante, sabendo que seu filho já não poderá abri-la senão após anos, longos anos depois desse dia, triste e feliz.

Ele retorna à trilha que beira a muralha simbólica, que agora lhe parece divina, atravessa as portas dos dois recintos sem ter visto pessoa alguma, chega às bordas do lago formado pelo Ariège e lentamente segue o caminho de volta.

Ele caminha penosamente, tropeçando nas pedras espalhadas pelo caminho.

Ao chegar ao último desvio, de onde ainda pode avistar as igrejas de Ussat, ele se vira bruscamente, enche os olhos com essa imagem e deixa sair livremente de seu peito os soluços que o sufocam.

Dor suprema de um pai que acaba de perder o filho querido.

Presenciando essa cena do alto da montanha, nas igrejas superiores, para lá conduzido para suas meditações, um Perfeito ora também pelo pai e pelo filho.

Ele compreende essa dor humana, mas não pode compartilhá-la, muito ao contrário; o princípio, o fim, dia abençoado, dia de felicidade.

Através do espaço, dirige ao pai as palavras de apaziguamento necessárias:

– Que o Senhor te abençoe e te conduza a um bom fim, enviando-te as mais belas consolações do Deus de

Amor, por quem o filho acaba de deixar corajosamente o mundo material.

IV

Vinde a mim, todos os que estais cansados e oprimidos, e eu vos aliviarei. Tomai sobre vós o meu jugo, e aprendei de mim, que sou manso e humilde de coração, e encontrareis descanso para a vossa alma. Porque o meu jugo é suave e o meu fardo é leve.

Jesus

O jovem Matheus, conduzido pela mão, acabava de transpor a muralha simbólica. Ele se achava na antegruta, vasta, ampla, iluminada por uma lamparina de óleo de nozes. À sua frente abria-se a entrada, imensa, em semicírculo quase regular. Num relance percebeu uma sala grandiosa comparável à catedral de Lombrives, que conhecia muito bem. A uns cem metros dele, uma abertura no teto rochoso deixava filtrar a luz do dia e alguns fraquíssimos raios do sol poente; à direita e à esquerda, galerias profundas perdiam-se na escuridão absoluta. Mas, que altura de abóbada! Alta, tão alta!

Impressionado por esse espetáculo inesperado, emocionado pela majestade do lugar, num movimento involuntário, parou e virou a cabeça.

A porta havia sido fechada, a muralha impedia a visão, o cortejo dos Puros o seguia sempre.

Nesse momento, ouviu-se uma voz grave, doce e lenta que parecia vir do alto da montanha e que repercutia pelas paredes, invadindo o silêncio e as trevas:

– Hora dezesseis, do dia quatro... da lua nova... a... a... a..., e se perdeu num eco decrescente.

Imediatamente, do meio da sala e parecendo provir aproximadamente de meia altura, uma outra voz, não menos grave, lenta e doce que a primeira, se fez ouvir.

Todos os presentes ajoelharam-se, então, baixaram a cabeça e juntaram as mãos. De repente, Matheus recuperou todos seus sentidos e se pôs de joelhos também.

Pai nosso que estás no céu,
santificado seja o teu nome
venha a nós o teu reino.
O pão nosso de cada dia dá-nos hoje,
perdoa as nossas dívidas, como nós perdoamos
aos nossos devedores,
*e não nos deixes cair em tentação... ão... ão... ão...**

Nem mais um eco! Os Perfeitos se ergueram e desapareceram nos meandros da gruta. Somente o Ancião ficou com Matheus.

– Eu vou te conduzir, meu filho, àquele que doravante te servirá de apoio. Guilhem é bom, suave, inteligente e piedoso. Eu não poderia escolher melhor. Ele será o teu veterano*. Segue teu veterano como tua sombra. Ele não pode te preceder, a não ser no bom caminho. Ah, aí está Guilhem!

Matheus nada via, seus olhos ainda muito relutantes em penetrar a sombra. Um jovem alto, seco, mas ágil, apresentou-se, curvando-se diante do Ancião.

– Guilhem, disse o Ancião, eis aqui o teu irmão noviço*. Deixo a ti o cuidado de começar a mostrar-lhe a nossa morada. Ele terá tempo para aprender o que deve saber.

E enquanto os dois irmãos se curvavam com humildade:

– Meus filhos, concluiu paternalmente o Ancião, estendendo as mãos sobre suas cabeças, meus filhos, eu vos ofereço as mais belas consolações de Belém.

E como se fosse um espírito, desapareceu pela galeria situada à direita da grande sala.

Os jovens estavam a sós. Matheus mergulhou num triste devaneio que ameaçava prolongar-se por muito tempo.

Guilhem pegou-o pela mão.

– Vem, disse-lhe, chega de divagações. Vou mostrar-te a nossa morada. Isso te distrairá.

E o conduziu.

Visitaram primeiro a grande sala. Matheus avistou a alta e larga ravina que, por meio de toscos degraus, conduzia às igrejas superiores e erguia-se cem metros acima da muralha simbólica; do mesmo modo, avistou uma galeria ascendente, em suave aclive, cuja extremidade delineava-se como uma espécie de janela redonda na abóbada:

– O posto das horas, diz suavemente Guilhem, mostrando a grande ravina.

– Esse é o posto das orações, diz, mostrando a galeria adjacente.

Voltaram até a entrada e dirigiram-se à galeria da esquerda. Andaram algumas centenas de metros.

Matheus deixava-se conduzir, pois nada enxergava; as trevas e o silêncio reinavam nesses lugares. Num desvio da galeria, ele distinguiu um tênue ponto luminoso: farol minúsculo nesse mar de sombras.

– A galeria do cemitério, o depósito da matéria, explicou Guilhem.

E ao sentir um ligeiro tremor percorrer a mão de seu noviço, acrescentou:

– Não iremos até lá, por enquanto. Eis aqui, à nossa esquerda, a galeria que conduz às Cozinhas. O dia desponta lá embaixo, no fundo, estás vendo? Mais tarde, ao sairmos, veremos a plataforma onde há uma outra entrada. Voltemos!

Chegaram novamente à grande sala. Do alto das igrejas, a voz das horas derramou-se subitamente:

– Hora dezessete,... do dia quatro... da lua nova... a... a... a... a...

Em seguida, a voz da oração:

Pai nosso que estás no céu,
santificado seja o teu nome, etc.

Guilhem e Matheus, ajoelhados, ouviam e oravam. Depois, ergueram-se e continuaram a visita pela galeria à direita. Ela era igualmente vasta, contendo em ambos os lados numerosos divertículos, baixos, estreitos, pouco profundos: eram os alojamentos particulares onde os habitantes da caverna repousavam durante uma parte da noite. Guilhem indicou um deles a seu irmão.

Poucas ramagens e folhas formavam o leito; grandes pedras serviam de assentos. Uma lamparina de pedra, cavada no centro, contendo um pouco de óleo e uma mecha, estava colocada numa abertura da parede. Um bastão pontudo, enfiado toscamente numa fenda da rocha, servia de cabide.

Matheus sentiu o coração um pouco apertado ao ver a simplicidade e a austeridade do seu "quarto de dormir". Pensou em sua casa, nos cuidados de sua querida mãe, em seu leito confortável, no fogo crepitante da lareira familiar.

Guilhem pegou-lhe novamente a mão para continuarem a visita. Galeria à direita, galeria à esquerda, divertículos por toda parte. Finalmente, a gruta parecia terminar numa grande sala, mais ou menos circular.

No meio dela, um semicírculo de grandes pedras, quase todas planas, assentadas sobre o solo batido, silicoargiloso, suave para caminhar. Era o refeitório comunitário, fracamente iluminado por uma lamparina de pedra.

Assim como o divino Mestre havia ordenado e mostrado, a comunidade de bens era uma regra absoluta; a pobreza, um ideal; a mendicância, um estado santo, uma virtude. Aqueles que recuavam ante essa extrema exigência não entravam para a comunidade.

Matheus sabia disso e não se surpreendeu ao ver somente pedras por toda parte. Nada de mesas e de cadeiras, nenhum utensílio que lembrasse um refeitório. Ele continuou seguindo Guilhem.

Ao chegarem ao fundo da sala-refeitório, Guilhem mostrou-lhe duas passagens ao nível do solo, escondidas por grandes blocos desprendidos da abóbada:

– Este aqui, disse, é o caminho da capela, reservado aos Puros. Nós, os jovens, só podemos usá-lo com uma ordem do Mestre. Esse outro é o caminho para a gruta das oficinas. É lá que vamos para trabalhar. Iremos lá amanhã.

Tiveram apenas tempo suficiente para liberar a passagem. Os Perfeitos chegavam silenciosamente como sombras, suas roupas confundiam-se com a escuridão das entradas subterrâneas. Eles eram seguidos por uma dezena de jovens, os noviços, reconhecidos por suas vestes mundanas.

Sem uma palavra, sem mesmo repararem no novo companheiro, todos se dirigiram para o centro do refeitório, sentaram-se sobre as pedras do círculo e puseram-se a orar e meditar.

Bela escola do silêncio!

Guilhem e Matheus os seguiram e tomaram lugar no canto reservado aos noviços.

Silêncio, à espera do Mestre.

Sem que o tivessem visto chegar ou que o tivessem ouvido, o Ancião apareceu de repente, sozinho, próximo à pedra que lhe era destinada, no meio do diâmetro, base do semicírculo.

Imediatamente um Perfeito levantou-se, carregando um grande pote (*uno grasolo* de terra) cheio de água, a água das abluções. Dirigiu-se ao Ancião, que molhou nela os dedos e fez a volta ao semicírculo para que cada irmão fizesse o mesmo. Os noviços não participavam desse rito.

Então, o Mestre levantou os braços num gesto de bênção, caiu de joelhos, no que foi imitado por todos os presentes, e recitou a única oração composta por Jesus:

Pai nosso que estás no céu,
santificado seja o teu nome, etc.

Matheus estava sob efeito de intensa comoção. Essa cena era verdadeiramente emocionante: o lugar, perdido nas entranhas da terra; esse quadro, imensa cavidade na montanha; o fervor da oração; a obscuridade quase completa; esses seres, libertos de todos os laços terrenos pelo amor e pela fé, essa imagem fiel da comunidade de Cristo e dos apóstolos; tudo concorria para impressionar para sempre o espírito do noviço.

A congregação ergueu-se e sentou-se sobre as pedras do círculo.

O Ancião tirou um grande pão de uma cesta que estava escondida atrás da pedra em que se achava sentado e pôs-se a parti-lo em pedaços.

Uma jarra estava oculta na sombra.

Um gesto de bênção, e cesto de pão consagrado e jarra fizeram a volta, cada um apanhando sua parte habitual. Frutas frescas acompanhavam o pão e o prato único, composto de uma espessa sopa de legumes.

Refeição frugal!... Silêncio completo!

Comendo, Matheus refletia profundamente, sem chegar a compreender o sentido desse rito misterioso; ele não saberia, a não ser mais tarde, no transcurso dos seus estudos, que a participação do mesmo pão era considerada por Jesus como uma espécie de comunhão, de união recíproca; que os discípulos mantiveram religiosamente essa participação e adotaram a mesma linguagem.

Ficou igualmente impressionado pelo fato de o Ancião, o Mestre, haver dito "Meus irmãos" ao se dirigir a seus Perfeitos, mais jovens que ele.

É que nenhuma hierarquia existia na confraria de Cristo. Todos se chamavam irmãos. Ele havia proscrito os títulos de superioridade, tais como rabi, pai, mestre: somente Ele era Mestre, e Deus somente sendo o Pai, o maior devia ser o servidor de todos.

Para os profanos, para os ignorantes, aquilo evidentemente era difícil de ser compreendido.

Guilhem e Matheus, que ficaram por último, viram os irmãos, um a um, desaparecerem pelos numerosos meandros da caverna. Eles se levantaram, por sua vez, para se dirigir às suas celas na rocha onde se deitaram no leito de folhas e ramos secos.

As lamparinas a óleo, colocadas de longe em longe nas curvas das galerias, apagaram-se uma a uma: a caverna logo ficou imersa em profunda escuridão.

Um silêncio glacial pairava nas salas e nas profundas galerias, interrompido de vez em quando pela queda de uma gota d'água que pingava das estalactites e pela voz das horas, seguida da voz da oração.

Pobre Matheus. Não podia dormir, o que era compreensível em sua primeira noite passada nas igrejas. Sua família, sua casa, sua aldeia, que não veria por muito e muito tempo... Todo o mundo exterior dançava diante de seus olhos. Seus sentidos trouxeram-no de volta à realidade. O frio da pedra, ao qual não estava habituado, o frescor noturno do ar nos divertículos, a dureza de um leito mais que sumário mantiveram-no acordado por muitas horas, enquanto que seu veterano dormia profundamente.

Mas a natureza fez valer os seus direitos: seus nervos se acalmaram, seus olhos se fecharam e o sono, enfim, prodigalizou-lhe um benéfico repouso.

V

Não vos preocupeis pelo alimento que tereis para sustentar a vossa vida, nem pelas vestimentas que tereis para cobrir o vosso corpo. Não digais, portanto, com ansiedade: que teremos para comer? Que beberemos? Com que nos vestiremos? Os homens do mundo é que se preocupam com todas essas coisas. O vosso Pai celeste sabe que necessitais delas. Porém, buscai primeiro o reino de Deus e tudo o mais vos será dado por acréscimo.

Jesus

Guilhem foi o primeiro a acordar. Não queria perturbar o seu noviço, pois sabia por experiência como eram cansativas para os novatos as primeiras noites nas Igrejas. Porém, todo o cuidado que teve para se levantar não impediu que Matheus, de um salto, se pussesse a seu lado.

– Podias continuar a dormir, se assim o desejasses, pois ainda não está na hora de ir às oficinas.

– Oh! Estou habituado a levantar-me cedo. Todos em casa já estão em pé antes de o sol nascer.

Ambos saíram de seu alojamento particular, um após o outro, guiados pela vacilante claridade das lâmpadas acesas em cada cruzamento.

– Vês, explica o veterano, os irmãos maiores das horas e da oração têm o cuidado, quando o dia começa a despertar, de pôr tudo em ordem.

Eles chegaram à grande sala. Exatamente nesse momento, do alto da montanha, as vozes se fizeram ouvir:

– Hora quatro, do dia cinco..., da lua nova..., e, de joelhos, eles seguiram de corpo e alma a primeira oração do dia:

Pai nosso que estás no céu... etc., que eles repetiam uma segunda vez em conjunto com os ecos da caverna.

O dia mal despontava pela grande cúpula da entrada da caverna, acima da muralha simbólica. Erguendo-se um pouco, Matheus percebeu que outros noviços e irmãos estavam lá, ajoelhados, orando, à espera do pronunciamento do dia.

Mais ou menos ao mesmo tempo, todos se ergueram e dirigiram-se às oficinas, passando pela sala do refeitório. Porém, enquanto os irmãos tomavam a direção da capela, os noviços encaminhavam-se diretamente para as oficinas.

– Há uma comunicação, explica Guilhem, entre a capela e as oficinas. Os irmãos passam pela capela antes de reunirem-se a nós; não todos, pois para alguns há o serviço espiritual.

Matheus entrou rastejando na passagem baixa. Uns cinqüenta metros mais adiante, percebeu os primeiros clarões da aurora. Ao se erguer, achou-se a céu aberto, em um pequeno terraço que se elevava sobre o vale.

Era com alegria que observava todos os detalhes do magnífico panorama que se descortinava diante dele.

Em frente, a montanha de Lombrives, cuja catedral começava a mostrar a imensidade negra da sua abertura; abaixo, o lago do Ariège, banhando a montanha de Ussat, ao longo das igrejas: à sua direita, a saída fechada da capela; à sua esquerda, uma gruta que não conhecia, mas acreditava ser a das oficinas.

Alegrou-se com essa visão e precipitou-se na gruta das oficinas: antegruta soberba, grande entrada ogival, imensa sala a pouca distância.

Matheus observou demoradamente os seus diversos recantos e percebeu um grande forno escavado na rocha:

– Os nossos irmãos, explica Guilhem, são Puros; tudo aquilo de que fazem uso deve ser puro; somente eles devem dar o toque final em todas as coisas.

E como o seu noviço não o compreendesse muito bem, completou:

– Esse grande forno é para cerâmica. O símbolo sagrado do Santo Graal e o vaso das abluções, por exemplo, só podem ser tocados por mãos puras. O pão do sermão, o pão da participação na refeição, a vestimenta sagrada de linho e o cinto igualmente só podem ser tocados por mãos puras. Nós, os noviços, começamos e preparamos; eles, os irmãos, os Perfeitos, terminam os trabalhos que nós esboçamos.

Eles entraram na grande sala.

– Eis aí, continua Guilhem, os dois fornos para pão. Os sacos de trigo estão aí perto dos moinhos movidos à mão e da masseira de pedra. Veja as pilhas de lã, de linho, de cânhamo, próximo aos aparelhos para fiação e tecelagem. Nós moemos o trigo com a mó; preparamos os fios, as nozes para o óleo e escolhemos os bons frutos para conserva. Nossos irmãos maiores continuarão. Atrás da grande sala armazenamos nossas provisões. É um recanto seco no inverno, fresco no verão. Espere, olhe!...

E Matheus viu um amontoado de sacos e de cestos de diversos tamanhos.

Surpreso, não pôde deixar de perguntar:

– Mas, de onde vêm todas essas coisas?

– Os nossos amigos do Sabartez seguem, como nós, os mandamentos do divino Mestre: *Não ajunteis para vós tesouros na terra, onde a traça e a ferrugem os consomem. Dai o que possuís. Fazei para vós no céu sacos que não envelheçam, tesouros que não se dissipem.* Eles sabem: todos nós somos discípulos; eles têm a solicitude de regularmente nos enviar donativos. Guillaume de Lordat, Othon de Quié, Bertrand de Tarascon, Guillaume-Bernard de Arnave, Arnaud de Castel-Verdun, todos os valorosos senhores do nosso Sabartez, e mesmo o conde Raymond-Roger de Foix, não nos deixam faltar nada, e nos enviam grãos, frutas, linho, lã, cânhamo, todas as coisas de que necessitamos. Não estou me referindo a todos os nossos crentes, os quais certamente privar-se-iam por nós. E nosso venerável Ancião paga-lhes com cuidados médicos, com ajuda material, com as belas consolações de Belém. Os nossos irmãos maiores muito sofreriam se não pudessem conceder a todos um bom fim e mostrar o caminho das estrelas, em todos os lugares e por todos os tempos. Vamos ao trabalho agora.

Eles se dirigiram ao local da "moagem do trigo". Sentaram-se no chão, tomaram um granito áspero e um rebolo. Com movimentos leves, rodando o rebolo sobre os grãos retirados pela aspereza da mó, esmagavam o trigo. Farinha e farelo caíam em seguida numa tosca peneira. Dois Perfeitos amassavam a farinha. Após um repouso necessário ao crescimento da massa, cozinhavam o pão nos dois pequenos fornos cavados na rocha (como o forno de cerâmica).

Assim trabalhando, a manhã passou depressa. Lá pelas onze horas, o que os irmãos sabiam pela posição do sol, a gruta das oficinas esvaziou-se. Cada um se dirigiu ao refeitório pelo caminho que lhe era destinado. E chegaram à grande sala a tempo de unir suas orações à voz das horas e à voz da oração, voz profunda dos irmãos maiores das igrejas superiores. De lá eles se encaminharam ao refeitório, onde almoçaram segundo os ritos habituais.

De volta às oficinas, a tarde pareceu-lhes curta: estiveram ocupados em limpar as fibras de linho para o preparo de sua cosedura, fiação e tecelagem. Estas duas últimas operações eram efetuadas por um Puro, a fim de se obter a máxima pureza.

O silêncio reinava igualmente nas oficinas. Só alguns noviços conversavam em voz baixa, esporadicamente. Geralmente, tratava-se de avisos e conselhos que os veteranos davam aos noviços. Era pedido a estes últimos, durante os primeiros meses, que se ambientassem à comunidade; que se familiarizassem com os hábitos de trabalho, de ocupações, de orações e, sobretudo, que superassem o singular contraste da nova vida com a vida em família, e a impressão terrível causada pela austera indiferença e frieza dos irmãos maiores, já voltados à rocha e a seus Mistérios, em relação aos noviços que chegavam a eles, ainda presos aos hábitos da vida familiar.

Renúncia aos bens deste mundo; comunidade; obediência total: eram estes os primeiros degraus da iniciação dos discípulos de Cristo.

E Matheus compreendeu o rigor, repassando em sua mente as palavras do divino Mestre:

Onde está o teu tesouro, lá também está o teu coração.

Não se pode servir a dois senhores ao mesmo tempo: a Deus e a Mamom.

Não vos inquieteis com o amanhã. O amanhã cuidará de si mesmo. Basta a cada dia o seu mal.

Ele sabia que Jesus exigia de seus discípulos um total desprendimento da terra; um devotamento absoluto à sua obra: nem dinheiro, nem provisões para o caminho, nem vestimentas de reserva.

Eles deviam praticar a pobreza absoluta; viver de hospitalidade e de esmolas. O apego à propriedade era tido como uma imperfeição.

Apegar-se à vida é perder-se; sacrificar a vida por Mim e pela boa nova é salvar-se.

De que serve ao homem ganhar o mundo inteiro e perder-se a si mesmo?

Jesus, porém, exigindo tudo de seus discípulos, com rigor, deu o grande exemplo! Por que, então, temer calor, frio, dores, por este miserável envoltório carnal?

É preciso saber sofrer como Ele.

E Matheus, revigorado moralmente por esses pensamentos, começava a esquecer as terríveis exigências da muralha simbólica.

VI

Sede, pois, filhos de vosso Pai celeste,
que faz nascer o sol para bons e maus.
Se amardes somente aos que vos amam,
que mérito há nisso?

Jesus

Chegamos ao domingo, dia do Senhor! Nesse dia, não havia ninguém nas oficinas. Salvo os irmãos ocupados nos diferentes postos, todos, mesmo os noviços, passavam seu tempo na capela.

Na véspera, o Mestre havia aberto aos noviços a passagem para a capela. Por isso, de manhã bem cedo, Matheus e Guilhem tinham pressa de dirigir-se ao santo lugar. Entretanto, eles não foram rápidos o suficiente para serem os primeiros; todos os irmãos que estavam de folga já estavam ajoelhados, orando. Alguns noviços já haviam tomado lugar atrás deles.

A estrela do pastor, visível a alguns metros da abertura coberta pelo linho branco, dava fraca e vacilante luminosidade, enquanto que as lamparinas de pedra colocadas nas pequenas cavidades, à direita e à esquerda da capela, aumentavam, com seu lume, os fracos raios do dia filtrados pela abertura da entrada.

Não se ouvia o menor ruído nem se via uma sombra mover-se, apesar da dureza do piso de terra batida sobre o qual os joelhos acabavam se machucando.

Essa oração-meditação silenciosa durou longo tempo. A voz das horas já se havia feito ouvir por duas vezes quando anunciou a hora sete.

Que significavam as horas para esses Perfeitos, habituados a não considerar nem começo nem fim, habituados a sofrer, sem mesmo se darem conta?

Nesse momento, como um espírito, o Ancião, o Mestre, surgiu em pé diante da mesa. Como teria ele chegado ao seu lugar sem ser visto nem ouvido? Ninguém poderia dizê-lo, tão grande era o fervor coletivo.

– Meus irmãos, meus filhos.

A esse apelo todas as cabeças se levantaram em direção à santa mesa de pedra. Instintivamente, todos os assistentes puseram-se de pé, com os braços cruzados, e aguardaram a invocação do Ancião, o início do sermão. A mesa estava coberta com uma toalha de linho puro sobre o qual estava, aberto na página do dia, o Evangelho de João, o livro do bem-amado.

O Ancião, olhos voltados para o céu, braços erguidos num gesto de proteção para toda a assistência e distribuindo as belas consolações de Belém, pronunciou em voz lenta, inspirada, a invocação, dando início à cerimônia sagrada:

– Se digno for, eu mesmo sou o templo racional de Deus.

Jesus Cristo, seu Filho, é a imagem viva de uma majestade vivente. Uma alma instruída na Verdade é seu altar. E a honra e os sacrifícios que a Ele devemos prestar, consistem unicamente de simples e puras orações.

Ele caiu de joelhos, imitado por toda a assistência. Cabeças baixas, mãos postas, a oração dominical parecia sair suavemente do solo, elevar-se magnificamente até a abóbada da capela, para se perder na rocha, em doces ecos renovados:

Pai nosso que estás no céu...

Ó! A bela e fervorosa prece!

Assim, ajoelhados, teve início a confissão pública dos pecados, que, somente aos domingos, formava a terceira parte do sermão.

O Ancião começou parafraseando Faustus, o célebre mestre de Milevo:

Ó Cristo, ó divino Mestre!

Conservei os três elementos da perfeição:

pureza da mão,

pureza da boca,

pureza do coração.

Deixei pai, mãe, irmãos, irmãs. Renunciei a tudo que o Evangelho nos ordena abandonar; renunciei ao ouro, ao dinheiro, e deixei de trazê-los em meu bolso.

Contento-me com o simples alimento de cada dia; não me preocupo em saber se amanhã terei do que me nutrir ou vestir.

Tu vês, em mim, as bem-aventuranças que pregaste e que compõem o Evangelho.

Tu me vês pobre, manso, pacífico e de coração puro.

Tu me vês, em lágrimas, sofrer a fome, a sede, a perseguição e o ódio do mundo, por causa da justiça.

Terei eu pecado?

O Pai e Tu, apenas, podem sabê-lo; minha ignorância é a causa do meu silêncio, pois tudo fiz para evitar o erro.

Perdoa-me se te ofendi.

A confissão terminou logo. Que poderiam ter para confessar esses pobres seres apartados do mundo, para quem as ordens de Cristo eram sagradas, absolutas?

– Que o Senhor vos abençoe e vos conduza a um bom fim, pronunciou o Mestre, abençoando os assistentes com o braço esquerdo erguido, os dedos indicador e médio apontados para o céu, os três outros dobrados na palma da mão.

Os irmãos e os noviços sentaram-se sobre as pedras que, dispostas em semicírculo, serviam de cadeiras. É impossível descrever a profunda emoção que se apossou de Matheus; e nem podia ser de outra forma, pois a simplicidade dos gestos, a ingenuidade das palavras, a austeridade do lugar levavam a mente a transcender.

A quarta parte, simples paráfrase do Evangelho, ia começar.

Matheus sabia que Jesus entrava no templo, depois levantava-se para ler. O *hazzan*, o encarregado da leitura, estendeu-lhe o livro. Ele o desenrolava e lia a *parascha* ou a *haftara* do dia: leituras. Tirava dessas leituras alguns desenvolvimentos de acordo com suas idéias, *midrasch* ou comentários.

Pareceu-lhe, então, ver o Cristo em pessoa quando o Ancião, após fazer três profundas genuflexões, molhou os dedos na água lustral caída das estalactites e recolhida numa cavidade da rocha, à direita da mesa, tomou o Livro Santo que estava sobre o linho puro e começou a ler com voz celestial:

– Aquele que se humilha será elevado; aquele que se eleva será humilhado.

E a voz continuou, lenta, penetrante:

– Quando orares, não imites os hipócritas que gostam de ser vistos por todos.

Se queres orar, entra no teu aposento e, tendo consciência de estar só, ora a teu Pai, que está em segredo. E teu Pai, que vê em segredo, te retribuirá. Quando orares, não faças longos discursos como os pagãos, que imaginam que deverão ser atendidos por causa de muitas palavras. Deus, teu Pai, já sabe do que necessitas antes de o pedires.

Matheus bebia cada palavra; sentiu mesmo uma desagradável impressão quando terminou a paráfrase do Evangelho, pois não queria que a voz parasse tão depressa. Foi o último a ajoelhar-se a fim de tomar parte na oração que encerrava essa parte do sermão.

O Mestre havia pousado o Livro Santo sobre a mesa e foi, novamente, purificar as mãos e fez três genuflexões lentas e graves, aparentemente. Voltou-se para a abertura da rocha coberta pelo linho branco, à sua esquerda; avançou solenemente; esfregou no chão a sola de suas pobres sandálias gastas; tomou lugar sobre o granito colocado contra a rocha; ergueu com precaução o véu de linho branco; tomou de dentro do vão da rocha um vaso precioso; ergueu-o à altura de seus olhos; voltou-se lentamente, muito lentamente, como para não agitar o símbolo sagrado, e o apresentou, estátua personificada que parecia fazer parte da pedra que recobria e abrigava essa divina cerimônia.

Permaneceu assim durante um momento.

Todos os irmãos estavam prosternados, frontes tocando a terra, numa contemplação interior, orando, estranhos a tudo que se passava a seu redor.

– O Santo Graal! A perfeição em Cristo!, disse a si mesmo Matheus, sem levantar a cabeça: *Lapis ex cœlis**.

Instante sublime.

O Ancião virou-se lentamente para a esquerda, recolocou o símbolo sagrado na cavidade da rocha, recobriu-a cuidadosamente com o linho branco, desceu do granito e retornou à mesa.

Fez três genuflexões para terminar a bênção do rito, virou-se para a direita, em direção ao Perfeito mais próximo e deu-lhe o beijo da paz, que circulou por toda a assistência.

Para terminar o sermão, uma oração dominical foi recitada por todos, ajoelhados, naturalmente.

E o Ancião, retomando o Livro Santo e o linho puro, desapareceu, sem uma palavra, pela galeria que conduzia ao interior das igrejas.

Os irmãos, um de cada vez, vinham até a mesa, ajoelhavam-se, colocavam a palma da mão sobre ela e mergulhavam em longa meditação.

Matheus jamais teria saído da capela.

Guilhem tomou-o pela mão e, através da porta de saída, conduziu-o à plataforma da gruta das oficinas, não para trabalhar, certamente, nesse santo domingo consagrado ao Senhor, mas para ter um instante de repouso, ao ar livre, ao bom sol.

Após o almoço, além das orações e um passeio pelas galerias para acabar de conhecer sua nova morada, Matheus assistiu a uma aula-colóquio feita pelo Mestre, na capela, sobre a celebração das festas anuais.

Da Natividade, teofania de Cristo;
da Paixão, sem sofrimento de Cristo;
da Ressurreição, sem permanência no túmulo;
da Ascensão, triunfo da Paixão;
sobretudo da descida do Espírito sobre os apóstolos;
por fim, a festa do Paracleto, Manisola, no outono.

Quatro grandes festas: *Nadal*, *Pascor*, *Pentecosta*, *Manisola*; duas para o Salvador: Natal e Páscoa; duas para o Consolador: Pentecostes e Manisola.

Cada uma das três primeiras festas devia ser precedida de um jejum de quarenta dias.

Matheus, inteligente, piedoso por natureza, sorvia todas essas palavras e enriquecia para sempre sua mente.

Ele entrava, sem grandes dificuldades, na comunidade; prometia não ficar para trás no árduo caminho do Santo Graal, que decidira seguir em plena liberdade.

VII

Não é o discípulo mais do que o seu mestre nem o servo mais do que o seu senhor. Não temais os que matam o corpo e não podem matar a alma. Não se vendem dois passarinhos por um óbolo? E, no entanto, nenhum deles cairá em terra sem a permissão de vosso Pai. E até mesmo os cabelos da vossa cabeça estão todos contados. Não temais, pois mais valeis que muitos passarinhos.

Jesus

Nas igrejas, os dias se sucediam com uma regularidade perfeita para Matheus. Ele temeu, por instantes, o rigor do inverno, pois imaginou que o frio nas salas e galerias interiores fosse intenso. Mas logo percebeu seu erro.

A temperatura constante que reina nessas furnas parece fresca durante a boa estação e torna-se amena quando a chuva, a neve e o frio rondam lá fora: o ar interior não segue as variações de temperatura do ar exterior. Mesmo na gruta das oficinas ficava-se à vontade: os buxos e os juncos da montanha, ao serem queimados, espalhavam um calor agradável. Os fornos, constantemente acesos, serviam de "aquecimento central".

Habituado à vida dura, as mudanças de temperatura não o afetavam. Os estudos, as lições, as conversações, tornavam-se mais intensas, mais interessantes. Deixado um pouco por conta própria, ele pressentia que o Mestre havia começado um trabalho espiritual importante e de longo fôlego: havia tanta coisa ainda para ver, para aprender.

Ele entrou resolutamente no dogma:

Um Deus único com três denominações: o Pai, o Filho e o Espírito, base, origem do bem. O bem é a vida, a luz, a inteligência; o Verbo é o Filho de Deus, Deus mesmo.

E vagamente ainda, Matheus pressentia o mal. O mal é *Lucibel*, ou Lúcifer, anjo revoltado; é o orgulho, a ambição, os desejos imoderados, a mentira.

Mas o Cristo vencedor um dia reconduzirá Lucibel arrependido aos pés do Deus de Amor! O Deus de Amor, todo misericordioso, perdoará a revolta ambiciosa de Lucibel!

No intervalo das conversações, o Mestre deixava para o espírito de Matheus tempo suficiente para a assimilação. Em dias ensolarados, ele conduzia os noviços aos declives da montanha para fazêlos conhecer as plantas, os animais selvagens, os movimentos dos astros: ensinamento concreto. Ao mesmo tempo, os alunos divertiam-se e eram, aos poucos, iniciados.

– O Filho é o Criador; Lucibel é o formador que, por orgulho e ambição, quis reproduzir a obra de Cristo; ele é imitador de Deus; sua obra não passa de mentira, mundo imperfeito; nada além de uma decadência, um vazio.

O mundo é animal: elementos, bosques, montanhas, todos têm uma voz, uma linguagem; as plantas têm afeições, sentimentos; os astros são espíritos envoltos em fogo: os exércitos do céu, as estrelas da manhã, os coros dos astros são realidades.

O homem é composto de espírito e matéria, de forma e vida: a alma, o homem celeste, é a obra do Filho; o corpo, o homem terrestre, é uma obra material; as almas são os anjos inferiores, expulsos do céu; o nascimento do homem é a queda de um anjo; a Criação é, portanto, uma queda; a vida, uma expiação; a terra, um lugar de prova e castigo.

As almas exiladas retornam ao céu pela purificação. Essa purificação efetua-se primeiramente na terra; em seguida, de astro em astro, por ascensões sucessivas, e conforme o grau dos progressos na perfeição.

A vida é um envoltório maculado que abandonamos pela morte; a lagarta, a crisálida, o inseto perfeito.

A verdadeira vida é a morte, o beijo de Deus.

As almas indignas evoluem de estrela em estrela até a libertação final, o seio de Deus; nada de inferno no amor eterno!

Matheus começava a compreender. As palavras que ouvia todos os dias dançavam em sua mente e tornavam-se vivas:

Eu sou o Alfa e o Ômega;
Não tenho começo nem fim.
O começo? O fim? A morte!
O fim? O começo? A vida!

Nesses momentos de recolhimento ele seguia em sonho o caminho das estrelas, tão belo para um Perfeito, um Puro: tão belo, que podia descê-lo sem temor para misturar-se ao mundo material, depois de o haver galgado com a ajuda do Santo Graal, transportado momentaneamente para mundo espiritual. – Mais tarde! Mais tarde! O caminho do Santo Graal, o caminho das estrelas!

A crisálida deve transformar-se em aura perfeita.

O desejo de aprender tornava-se cada vez mais forte em Matheus. O Mestre, encantado, levava esse desejo em conta.

As lições continuavam:

Agnostos, o Pai;
Demiurgos, o Filho;
Paracletos, o Espírito.

Sob essa tríplice denominação, um único e mesmo Deus.

O Pai é Deus absoluto, invisível, desconhecido;
o Filho é Deus visível, criador do mundo, revelado à humanidade;
o Espírito é um princípio feminino; a Consoladora deu-lhe à luz antes da Aurora e ele desceu sobre a terra revestido de um corpo etéreo, com a beleza e o esplendor de um Deus.

Cristo não veio à terra para expiação, mas para distribuir a Verdade. Ele tira o pecado do mundo pela Palavra, o Verbo. Ele não podia ser vítima, nem morrer, nem sofrer sobre a cruz: Ele é Deus!

A vida é a morte, que liberta de um mundo mau, de uma carne fatal e inútil. A morte dá a vida angelical.

É preciso, portanto, prosseguir numa contínua purificação por meio da pobreza, da abstinência, da castidade absoluta. Nada de propriedade para o puro cátaro. Caridade e hospitalidade. Ele não se pertence, a comunidade cátara é o seu Mestre. Nada de carne, porém vegetais. Conforme o país e a saúde, se necessário um pouco de leite ou alguns ovos. Três jejuns rigorosos de quarenta dias durante o ano, exatamente como o divino Mestre: no Natal, na Páscoa, no Pentecostes.

O estado ideal? A virgindade.

O estado santo? O celibato.

O estado muito venerável? A viuvez.

Este último era excepcional, pois o casamento não era uma imperfeição.

O Mestre não esquecia os deveres dos Perfeitos: eles deviam ser médicos. Só compareciam aos combates a fim de evitar derramamento de sangue, cuidar dos feridos e dar o consolamento aos moribundos (supremas consolações). Eles deviam cuidar das doenças do corpo ao mesmo tempo que das da alma; deviam, como os antigos magos, conhecer os astros, assim como as plantas medicinais; deviam circular pelo mundo para consolar a dor, levar as belas consolações de Belém.

Matheus já sabia, antes de entrar para o noviciado, que a fama dos irmãos vinha de sua santidade, de sua ciência, de sua sede de sacrifício. Ele os havia ouvido serem chamados os *amigos de Deus*; e eram recebidos como *anjos do céu*.

Assim, terminada sua *abstinentia**, seu *probatio* tendo satisfeito todas as exigências, ele ansiava poder seguir mais adiante o caminho do Santo Graal: Mès-Naut!... Mès-Naut!... Mais alto!... Sempre mais alto!

A *abstinentia*, tempo, provas, regime, instrução, vida dos Perfeitos (e isso, durante dois anos) tudo isso fez que atraísse para si a estima de todos os irmãos.

O *probatio*, com as três quaresmas impostas, tinham-lhe angariado a amizade deles.

A *traditio*, tradição do dogma e da oração, concedeu-lhe uma boa reputação junto aos santos homens.

O momento era chegado em que ele seria eleito para tomar parte na segunda fase de sua iniciação.

No domingo seguinte, no Sermão, Matheus foi submetido a um jejum suplementar de quarenta dias. Ele sabia o que isso significava: sua alegria interior foi grande!

Prosternado, sua oração durou muito, muito tempo.

Segunda Parte

O Eremita

A pedra do altar

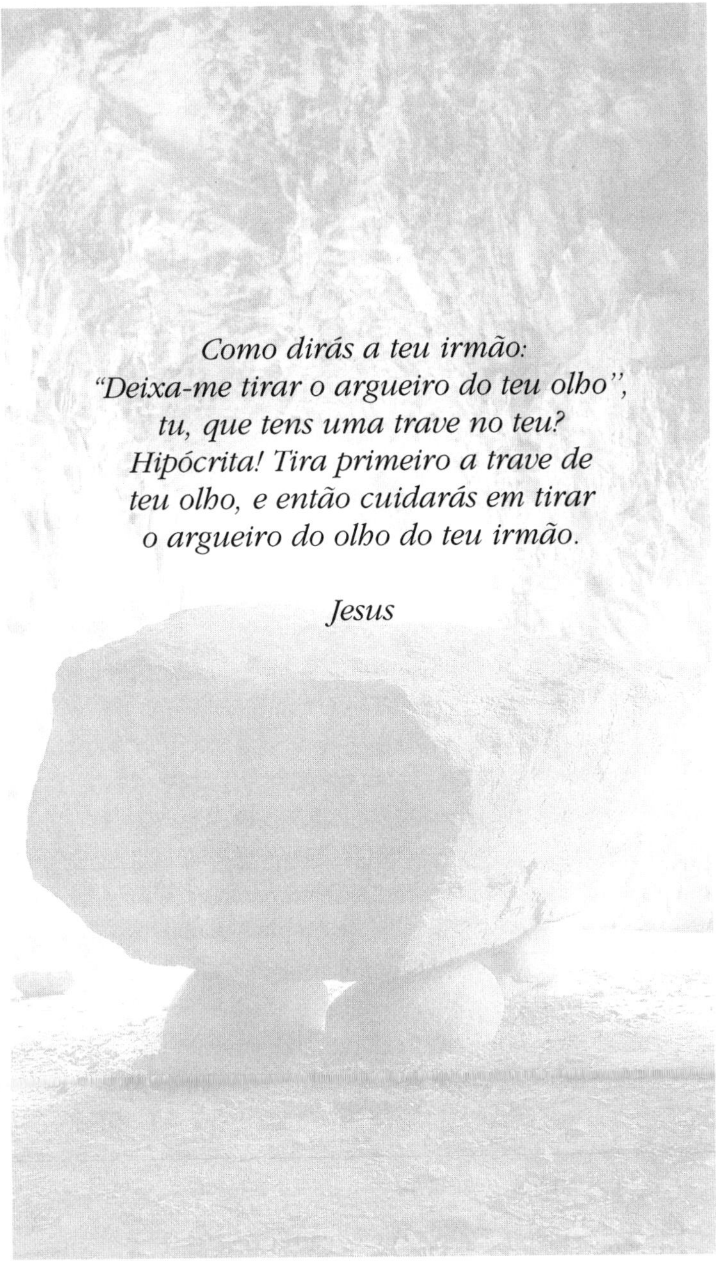

Como dirás a teu irmão:
"Deixa-me tirar o argueiro do teu olho",
tu, que tens uma trave no teu?
Hipócrita! Tira primeiro a trave de
teu olho, e então cuidarás em tirar
o argueiro do olho do teu irmão.

Jesus

VIII

O Eremita

Como dirás a teu irmão: Deixa-me tirar o argueiro do teu olho, tu, que tens uma trave no teu? Hipócrita! Tira primeiro a trave de teu olho, e então cuidarás em tirar o argueiro do olho do teu irmão.

Jesus

O jejum suplementar de Matheus teve fim. Pálido, magro, mas com o corpo, o coração e o espírito sólidos como a rocha na qual vivia, esperava a chegada do Ancião. Levantou-se ao amanhecer, dirigiu-se para a grande sala, como sempre o fazia, a fim de aguardar as vozes das horas e da oração.

Terminada a sua oração, sentiu uma mão leve pousar sobre seu ombro; ergueu-se, voltou-se e viu-se diante do venerável Mestre. Com um sinal, sem uma palavra, este último ordenou-lhe que o seguisse. Respeitosamente, Matheus caminhou sobre as pegadas da sombra que penetrava nas galerias.

O Ancião conduziu-o à capela, passando pelo refeitório; genuflexões, oração. Em seguida, às oficinas onde os irmãos e os noviços começavam a chegar.

No fundo da sala interior, seguindo entalhes na rocha, chegaram ao topo da parede; pequena saída oculta, escura passagem rente ao chão, sala baixa semiiluminada, abertura no meio da montanha, o pico sobre o lago, cujas águas banhavam a base dos rochedos, no fundo, bem no fundo do precipício.

O Ancião ignorou o gesto instintivo de recuo do noviço diante daquele impressionante espetáculo; lentamente continuou sua marcha pelas asperezas da rocha agarrando-se aos tufos de buxos, lá presos como que por acaso.

Matheus conteve-se, dominou seu medo e prosseguiu; a passagem tinha uns vinte metros de comprimento, cortava o flanco da montanha e ladeava um precipício de mais de trezentos metros.

Eles se encontraram, então, diante de uma pequena gruta, quase no topo da montanha, do lado oposto à entrada das igrejas.

O Mestre parou um instante; parecia inspecionar o local.

Matheus pôde ver na rocha um caminho que conduzia ao plano superior; como já havia visitado diversas vezes as igrejas superiores, deu-se conta de que, além do caminho da galeria-ravina interior, esse caminho exterior ligava os dois planos. Não era uma via fácil, pois estava oculta pelos espinheiros, ervas e buxos.

Na parede direita da pequena gruta distinguiu vários sinais, desenhados toscamente com um fino pedaço de carvão.

Ao se deter para observá-los detalhadamente, o Ancião lhe disse:

– Vê, nós somos os continuadores dos apóstolos e dos cristãos da Igreja primitiva, assim como os conservadores de sua ciência e de sua pura espiritualidade.

Esses sinais que não compreendes, mas que irás incessantemente aprender a discernir, aproximar-te-ão ainda mais d'Aquele que nos mostrou o caminho!

Uma trilha saía desse lugar, acompanhando a vertente dos desmoronamentos despencados do plano superior para, cem metros mais adiante, reencontrar a rocha na saliência da montanha de Ussat. Numerosas grutas abriam-se ali. Aquela onde eles entraram chamava-se a gruta do Eremita.

Eles atravessaram um recinto murado, abriram uma porta situada no muro de defesa da antegruta, entraram numa galeria e, dez metros adiante, encontraram-se numa sala espaçosa e iluminada diretamente pela luz do dia.

Alguns Perfeitos caminhavam pela sala, absortos na leitura de volumosos manuscritos. Ninguém prestou atenção à chegada de Matheus. O Ancião deixou-o aos cuidados de Guilhem. Sim, Guilhem, que havia deixado as igrejas de Ussat antes de seu noviço, aguardava por ele na gruta do Eremita.

Novamente Guilhem serviu de veterano a Matheus, feliz por reencontrar um bom companheiro. Ele serviu-lhe de guia.

Pouca diferença quanto ao lado material: refeitório, refeições, camas, etc. Menos trabalho manual, muito mais trabalho intelectual.

A nova gruta era mais comprida do que as outras; atravessava a montanha. A capela ficava na saída.

Matheus ficou impressionado ao vê-la. Havia rastejado de bruços durante uns dez metros, penosamente, na escuridão, após ter atravessado um grande número de salas e galerias; ao se levantar, achou-se bruscamente em plena luz na capela.

Era uma sala de forma circular abobadada, pouco elevada, mas que terminava numa diáclase* de formação até o meio da montanha, a perder de vista. A luz do dia chegava pela diáclase e, como um lustre, espalhava na capela uma suave e aconchegante luminosidade. A leste, Matheus observou uma bacia semicircular em mármore branco polido, assentada no seu lugar.

– É a *Fount Santa* (a fonte sagrada), explica-lhe Guilhem. Atrás da fonte sagrada, na continuação dessa passagem abobadada, começa o *Labirinto*. Nada mais posso te dizer, pois esses arredores ainda nos são interditados. Retornemos!

Entraram novamente na gruta interior, rastejando pela passagem baixa, visitaram as belas galerias revestidas de concreções brancas e chegaram à sala de entrada.

Matheus deu-se conta de que não teria nenhuma dificuldade em entregar-se à sua nova vida. Ele estava preparado para enfrentar a segunda parte de sua iniciação.

IX

O Filho por si mesmo não pode fazer coisa alguma, se não o vir fazer o Pai, porque tudo que Ele faz, o Filho o faz igualmente. Porque o Pai ama o Filho e mostra-lhe tudo o que faz.

Jesus

Foi com grande ardor que Matheus seguiu as lições de seus diferentes mestres e estudou o Livro Santo. Ele entrava resolutamente no domínio do Espírito!

Trabalhai, não pelo alimento que perece, mas por aquele que permanece para a vida eterna e que o Filho do Homem vos dará, porque a este o Pai, que é Deus, marcou com seu selo.

Jesus o havia ordenado: a ele só resta obedecer.

E as ordens do Divino se sucediam:

Eu sou o pão da vida; aquele que vem a mim jamais terá fome; e aquele que crê em mim jamais terá sede.

É o Espírito que vivifica; a carne para nada aproveita; as palavras que vos disse são espírito e vida.

Aquele que crê em mim, ainda que esteja morto, viverá; e todo aquele que vive e crê em mim, nunca morrerá.

Nem sempre era fácil para Matheus compreender imediatamente o grande alcance e o valor espiritual das divinas palavras. Porém, os mestres eram bons, mansos, pacientes, e recomeçavam muitas vezes as explicações pouco ou nada compreendidas. Por sua vez, o aluno, sempre assíduo, sempre perseverante, não perdia um minuto e aproveitava ao máximo as renovadas lições e explicações. Aliás, o tempo não contava, nem para os irmãos, nem para ele.

Eu sou o caminho, a verdade e a vida. Ninguém vem ao Pai senão por mim.

Eu rogarei ao Pai e Ele vos enviará um outro Consolador, a fim de que fique convosco para sempre.

O Consolador, o Espírito Santo que meu Pai vos enviará em meu nome, vos ensinará todas as coisas e vos fará lembrar de tudo quanto vos tenho dito.

E quando ele vier, Ele, o Espírito da Verdade, conduzir-vos-á em toda a verdade.

E Matheus repetia as palavras de João, o bem-amado: *Deus é amor; aquele que permanece no amor permanece em Deus e Deus, nele.*

Sim, Matheus acabava por compreender bem: o culto... em espírito; o pão do céu... espírito e vida; o espírito-batismo e a eucaristia... celestiais; anúncio do Espírito Santo para completar a revelação.

Tudo isso acrescentava, pouco a pouco, ao seu primeiro saber e começava a lhe mostrar o Evangelho cátaro na letra e no espírito.

O que muito agradava a Matheus eram as narrativas ingênuas e sem seqüência lógica, feitas certamente para marcar a imaginação, contadas alternadamente pelos irmãos maiores, relativas à vida de Jesus, vida essa não completamente conhecida pelo povo.

Ele se via entre os essênios, onde Jesus passou vários anos. Revivia em pensamento aquela vida de retiro e silêncio e fazia comparações importantes e úteis concernentes aos Perfeitos.

Os essênios estudavam, com grande cuidado, as virtudes ocultas das plantas e dos minerais; alguns possuíam o dom da profecia; três anos de noviciado para entrar na Confraria; após isso: comunidade das refeições, vestimentas sagradas, orações, silêncio, proibição de jurar, aversão à mentira, humildade, moralidade exemplar; tradição esotérica dos Profetas.

E também não lhe escapou: santificação do Espírito, liberdade individual; pela temperança, chegada às abluções; observar os deveres da Ordem; nada trair dos segredos da Ordem.

Daí estas conclusões lógicas: liberta dos grilhões do corpo como de uma longa escravidão, a alma levanta vôo com alegria.

Amor ao próximo, proibição de jurar para testemunhar a verdade, ódio à mentira, humildade, solicitude e amor pelas grutas, papel importante destas últimas nas profundas meditações, a ceia-refeição fraternal com idéia do sacrifício: mistério do Filho do Homem e do Filho de Deus.

As cavernas principais de Engaddi, na Palestina, às margens do mar Morto, e principalmente a do Egito, às margens do lago Maoris, tornavam-se-lhe familiares.

Mesmo a iniciação superior do quarto grau, conferida a Cristo, ele a conheceu nos mínimos detalhes.

Que grandioso quadro! Uma vasta sala no interior de uma grande gruta, com sua mesa e suas cadeiras de pedra dispostas a seu redor em semi-círculo; o chefe da Ordem, os anciãos, os iniciados, trazendo archotes e palmas, reunidos na sala para a misteriosa cerimônia; orações, cânticos, palavras sacramentais do Ancião. Este último fala sobre a taça sagrada guardada zelosamente pelo chefe da Ordem, que nenhuma outra pessoa viu senão ele, e que somente deveria ser entregue a um grande iniciado que possuísse sinais certos de missão profética.

Abraão havia recebido essa taça de Melquisedeque na forma de pão e de vinho. Essa taça, símbolo da iniciação suprema, continha o vinho da vinha do Senhor, símbolo da inspiração divina. Moisés havia bebido nessa taça com os setenta.

O Ancião se cala... silêncio impressionante de alguns minutos, orações.

Por fim, lentamente, o chefe da Ordem levanta-se de seu assento isolado, dirige-se a Jesus e apresenta-lhe o cálice de ouro, a taça, dizendo:

– Este cálice me foi confiado há muito tempo, e eu o guardei zelosamente. De Melquisedeque a Abraão, de Moisés ao centenário que sou, jamais as leis da Ordem foram transgredidas.

E a grande lei diz: A taça, o cálice de ouro, só deverá ser confiado a um mestre no qual o chefe da Ordem tenha a certeza de ter reconhecido os sinais da missão profética.

Eu acrescento, seguindo a lei: essa missão ninguém pode explicar àquele que recebe o cálice de ouro; ele deve descobri-la por sua própria virtude.

Jesus, eu te entrego o cálice de ouro.

Jesus segurou a taça,... estava pálido,... estava triste,... seu olhar já parecia perdido, já muito, muito distânte.

Então, Matheus se deixava embalar por este pensamento: a taça, o cálice de ouro.

E, tomando o cálice..., disse Marcos relatando a ceia.

E, tomando o cálice..., disse Mateus.

Semelhantemente, tomou o cálice, depois da ceia, dizendo: Este cálice é a Nova Aliança no meu sangue que é derramado por vós., disse Lucas.

João, o bem-amado, nada disse, ele, o Adepto; sem dúvida porque sabia e não podia trair os segredos.

O discípulo que Jesus amava e que, sozinho, adivinhava tudo, havia inclinado a cabeça em silêncio sobre o peito do Mestre. Pensamento sublime que lhe deixava entrever o sacrifício de Jesus.

Pois essa taça da verdade, esse cálice de ouro da missão profética, essa taça do amor divino, o cálice de ouro no qual ele já via o seu sangue, Jesus o estende, confia-o a seus apóstolos, seus discípulos, num supremo e muito doce adeus.

A taça, o cálice de ouro, o Santo Graal.

Mas o divino Mestre sabia há muito tempo que definitivamente devia guardar e transmitir, por sua vez, o vaso sagrado.

X

A hora é chegada, quando não se adorará mais nem sobre esta montanha, nem em Jerusalém, mas sim, onde os verdadeiros adoradores adorarão o Pai em espírito e em verdade.

Jesus

De tempos em tempos, em dias ensolarados, o Ancião vinha à gruta do Eremita. Chamava Matheus, Guilhem e alguns de seus companheiros e conduzia-os ao *Avô*, contornando simplesmente uma ponta rochosa situada logo depois do Eremita.

O Avô era uma jóia de gruta, pequena, de forma redonda, cujas paredes estavam cobertas de desenhos e sinais, uns mais misteriosos do que os outros. Ela se encontrava no ponto final de um grande círculo druídico com uma alameda coberta; numerosas moradas separadas umas das outras. A plataforma superior, em meia lua, ainda possuía a mesa, recoberta de sinais profundos, e os assentos em pedra dos ouvintes. O Ancião havia-lhes até mostrado um belo pentáculo gravado na própria rocha, o qual, entretanto, não parecia muito antigo. Mas, quem poderia saber?

– Aqui meu Ancião começou sua missão, disse ele, ajoelhando-se diante da mesa, estendendo suas mãos espalmadas sobre a pedra sagrada e orando em demorado recolhimento.

– Jamais vos esqueçais, acrescentou ele, de vir aqui por alguns momentos haurir um complemento para as vossas virtudes.

Parecia difícil, à primeira vista, separar os sinais que cavalgavam uns aos outros de cada lado do Avô; mas o Ancião era tão hábil, tão versado nesses estudos, tão seguro de si mesmo, que Matheus ficava maravilhado ao vê-lo manusear a varinha de demonstração e entusiasmado ao ouvi-lo.

Familiarizou-se rapidamente com o *resch*, o *iesmon*, o *chrismon*, o *iesmon-resch*, o *ieschrismon-resch*, o círculo eterno, o Alfa e o Ômega, o pentalfa luminoso ou estrela dos magos, o microcosmo, o macrocosmo;

com os primeiros sinais de assembléia dos cristãos primitivos, dos cristãos das sete Igrejas da Ásia, dos cristãos gregos, africanos e romanos, a criptografia apostólica, os monogramas, os diagramas, os trigramas, as siglas criptográficas;

com os símbolos diversos e numerosos dos primeiros séculos da era cristã;

com as siglas anteriores à era cristã.

Ele seguiu avidamente seu Mestre que, destacando-se numa parte plana da rocha, subia até o Avô, proclamando a imortalidade da alma,

o eterno – masculino,

o eterno – feminino,

a árvore da vida com sete ramos,

cuja união perfeita constitui o Ser supremo;

o perpétuo sacrifício desse ato cosmogônico,

o Ser supremo imolando-se,
o Pai (eterno masculino),
a Mãe (eterno feminino),
o Filho (árvore da vida), o Verbo Criador,
a Trindade: AUM.

Após essas belas lições seu espírito corria ligeiro;
ele vivia longas horas,
com Rama, sobre o Monte Albori;
com Krishna, sobre o Monte Meru;
com Hermes, nas grutas profundas de Menfis ou de Tebas;
com Moisés, sobre os rochedos de Serbal;
com Orfeu, sobre o Monte Kaoukaion;
com Pitágoras, em Delfos;
com Platão, em sua academia;
para reencontar Jesus, o divino Mestre, sobre a montanha.

Matheus ia até mais longe ainda, pois comprazia-se, através de meditações cada vez mais profundas, em penetrar nas célebres visões:

Visão de Rama, sob o carvalho da clareira.

Rama dorme. Ele ouve uma voz poderosa chamá-lo pelo nome. Diante dele, a figura majestosa de um gênio, vestido de branco, trazendo na mão uma vara com uma serpente enrolada e uma foice de ouro, estendendo a Rama um ramo de visco, depois a tocha e a taça.

Mateus ouvia as palavras do gênio:

– Rama, vês esta tocha? É o fogo sagrado do Espírito divino. Dá a tocha ao homem e a taça à mulher, pois é a taça da vida e do amor.

Visão de Krishna, na cabana do centenário Vasichta, em plena floresta santa.

Matheus sentia-se também transportado ao sétimo céu dos devas, junto ao Pai das criaturas; viu Devaki, a Virgem-Mãe, fundindo num olhar de amor, o Filho, a Palavra, o Verbo Criador.

Visão de Hermes, na cripta secreta, rodeado de hierofantes e de magos.

Matheus via Osíris, a Inteligência soberana; os sete raios do Verbo-Luz relativos a uma fase da vida das almas; os sete gênios da Lua, de Mercúrio, de Vênus, do Sol, de Marte, de Júpiter e de Saturno. Ele ouvia e reconhecia a voz da Luz e lia no *Livro dos Mortos dos Egípcios*, onde as almas vagueiam, durante tempo mais ou menos longo, segundo seu estado de pureza (erros do homem-matéria, da lagarta), em direção à Luz no barco de Ísis.

Visão de Moisés, sobre o cume do Sinai, na entrada da caverna protegida pelos terebintos.

Ele via o anjo solar, raio de Elohim, e ouvia a voz se perder no espaço infinito:

– Eu sou aquele que é!

Visão de Orfeu, pontífice do Templo do monte Kaoukaion.

Ele bebia suas palavras proclamando um só Ser, esposo e esposa divinos, Pai e Mãe, Demiurgo do qual Dionísio é o Filho. Ele seguia o Verbo, na gruta de Perséfone, a bela tecelã Maia, Virgem divina; e retinha essa reflexão de Orfeu: *É áspero o caminho que conduz aos céus*. Reflexão que ele traduzia: É duro o caminho do Santo Graal.

Visão de Pitágoras, em Crotona, sobre a colina dos terebintos e das oliveiras.

Ele seguia as provas da iniciação, copiadas da iniciação egípcia, chave do cosmo; entrava nos quatro elementos: terra, ar, água, fogo, e apanhava o quinto elemento etérico, fluido cósmico, luz astral, Alma do mundo.

Visão de Platão, em sua Academia de Atenas.

Após haver compreendido os filósofos da Ásia Menor, do Egito, da Itália meridional, onde Pitágoras já havia servido de modelo para muitos seguidores, Matheus estudava com ele, os números sagrados, a cosmogonia esotérica, a doutrina da alma, o microcosmo e o macrocosmo, a jornada humana e divina da alma, o verdadeiro, o belo, o bem; por fim, seguia esse mestre nos Mistérios de Eleusis.

Visão de Jesus. Matheus, a essa altura, já se mostrava espírito superior; necessitava somente reunir suas recordações.

Os sacerdotes do Egito, encabeçados por Ahmosi, o sumo-sacerdote, haviam anunciado que a fênix iria renascer de suas cinzas.

O Batista, pressentindo o fim de sua missão, anunciava, referindo-se a Jesus:

É preciso que Ele cresça e que eu diminua.

Jesus nada podia a não ser recolher-se, entregar-se ao retiro, a um jejum de quarenta dias, procurar um ninho de águia na gruta de Engaddi, onde encontrava as meditações dos Profetas, um pouco de água fresca, nozes e figos. E, como o divino Mestre, Matheus exclamava arrebatado:

– Para mim, a cruz! Que o mundo seja salvo!

É necessário acrescentar que Matheus estava completamente transformado?

O Ancião o havia percebido. Anunciou-lhe para breve o conhecimento da lei que governa a água simbólica para possuir o dom da adivinhação e da profecia. A alegria de Matheus chegou ao auge; compreendeu sua chegada à ordenação, à perfeição. A purificação pela água, a *Fount Santa*, a fonte sagrada, um retiro de quarenta dias, terminando com a morte da matéria na tumba. Belém, a porta mística... e ele seria Iniciado, Puro, Perfeito...

Que belo sonho!

XI

Amai vossos inimigos, fazei bem aos que vos odeiam e orai pelos que vos perseguem.
Jesus

Após sua oração matinal, Matheus meditava. As palavras de seus mestres voltavam a ele, uma após outra, e, sem que o percebesse, era levado a revisão parcial.

"O homem animal que está mergulhado na corrente da objetividade não consegue dela se desembaraçar senão superando seu aspecto animal. Atravessando os elementos, ele abandona o que lhe pertence, aquilo que tem de inferior. Ele é penetrado cada vez mais pelo Divino. A água simbólica, a água lustral, encerra em si mesma todas as possibilidades de formação[6] e de transformação: ele sai da água no estado de homem propriamente dito, de homem plenamente Homem. O conhececimento da lei que a governa confere o dom de adivinhação e de profecia."

[6] A iniciação espiritual realizada pelos cátaros, os Puros, desenrola-se em três fases que o autor denomina: formação - a fase da lagarta, reformação - a fase da crisálida e transformação - a fase da borboleta, a transfiguração. N.T.

O Ancião despertou-o de seus devaneios tocando-o no ombro.

Ajoelhando-se, Matheus recebeu a bênção do bom Ancião, feliz em conduzir seu excelente aluno; depois, ambos tomaram a direção da capela do Eremita.

O sol atingia o meio do vale, e, pela grande e alta diáclase que se elevava acima da saída, seus raios penetravam na capela que, dessa forma, ficava bem iluminada.

Saindo, após ter rastejado pela passagem baixa e obrigatória, Matheus ficou encantado com o espetáculo que se apresentava inesperadamente diante de seus olhos. Um círculo de Perfeitos, ajoelhados, em oração, contornava a mesa coberta por linho imaculado, como sempre e, por cima deste, o Livro Santo. O oficiante, igualmente de joelhos, esperava a chegada do Mestre e do Filho para poder começar a cerimônia habitual do Sermão. Atrás da mesa, a *Fount Santa*, *mi-resch* ou semicírculo, orientada para o leste, já estava preparada. Somente a galeria do Labirinto estava iluminada para permitir as idas e vindas dos irmãos encarregados do serviço da água.

Ao ver o Ancião, todos os presentes ergueram-se e o oficiante, com os braços estendidos, pronunciou a invocação:

– E Paulo chegou à Frígia. E os galo-frígios tinham muito pouco entusiasmo pelo culto a Zeus. E assim que eles ouviram a voz do apóstolo Paulo, apressaram-se em abraçar a religião de Cristo. Paulo escolheu, para instalar-se definitivamente, um rochedo perto de Esmirna. Ele transformou esse rochedo numa misteriosa cidade. E recolhiam a água astral, a única admitida para a imersão. Ó, santo batistério de Paulo, ó *Fount Santa!*

Que Matheus seja penetrado pelo Divino, como deve ser, ao sair da purificação pela água simbólica.

E que o flamejante pentalfa presida a esse fim!

Ó, Cristo! Faze que este novo Filho galgue o caminho das estrelas para poder ajudar dignamente os nossos irmãos a semear tua Palavra divina!

E faze, segundo o teu ensinamento, que ele possa nascer da Água e do Espírito para entrar no reino de Deus.

O sermão continuou.

O Livro Santo, na página do dia, tratava da visita de Nicodemos a Jesus e do diálogo que se seguiu:

– Mestre, nós sabemos que és um doutor vindo da parte de Deus, pois ninguém pode fazer os milagres que fazes, se Deus não estiver com ele.

– Em verdade, em verdade, vos digo que se um homem não nascer de novo, não pode ver o reino de Deus.

Imaginai, em se tratando desse tema, como o oficiante deveria estar convicto, entusiasmado, soberbo! Principalmente devido à seleta assistência de Perfeitos, tinha o dever de se mostrar à altura da pagina do dia!

E as provas eram abundantes nestes comentários:

– Se um homem não nascer da Água e do Espírito, não pode entrar no reino de Deus. O que é nascido da carne é carne, e o que é nascido do Espírito é Espírito. É preciso nascer de novo. A Luz veio ao mundo, e os homens amaram mais as trevas do que a Luz, porque suas obras eram más. Aquele que age segundo a verdade vem para a Luz, a fim de que suas obras sejam manifestadas, porque elas são feitas em Deus.

Matheus voava para o mundo etéreo durante os comentários; ele ia mais longe do que o oficiante; sua mente, mesmo um pouco cansada, conduzia-o facilmente aos devaneios.

E sabe Deus que cada caminho era longo, semeado de novos argumentos, cercado de pensamentos atraentes. Matheus sentiu-se envolvido pelos irmãos, quase carregado por mãos piedosas e amigas. Subitamente, achou-se no meio da bacia da *Fount Santa*, com água até os joelhos.

Ele nada ouvia. Nada via.

Estava inteiramente voltado para a sua purificação.

Entretanto, as orações se sucediam.

Três Perfeitos entraram pelo Labirinto, trazendo cada qual um vaso com água. O Ancião apanhou os vasos, um de cada vez, e derramou a água sobre a cabeça de Matheus dizendo:

– *Adoremus Patrem... et Filium... et Spiritum Sanctum.*

A Matheus parecia-lhe receber, de cada vez, água quente sobre o corpo; sentia-se transportado a um mundo novo pela sensação de calor que aumentava a cada aspersão.

Caiu de joelhos.

E os Perfeitos, formando um círculo à sua volta, procederam à imposição das mãos sobre sua cabeça, enquanto o Ancião, com o antebraço esquerdo, a mão esquerda, os dedos indicador e médio erguidos para o céu (rito sagrado dos apóstolos), abençoava, com o seu coração de Mestre e Pai, o Filho que acabava de receber a Santa Purificação:

– Abandona para sempre tudo que houver de inferior em ti. Por esta Água, que Deus aqueceu e que Ele nos envia neste santo lugar, pereça a tua animalidade. Sê digno do nosso divino Mestre. Que o Senhor te abençoe e te conduza a um bom fim.

Matheus, sem saber muito bem como, achou-se só em seu alojamento. Tudo lhe voltava agora à memória. Tinha a consciência de haver transposto o segundo degrau de sua longa iniciação. Ele revia a sua entrada nas igrejas de Ussat pela muralha simbólica. Anos de estudo, solidão, jejuns e orações transcorreram e só deixaram alegria e felicidade.

Sentia-se preparado para, dentro em pouco, transpor a porta mística. De repente, lembrou-se do retiro, do jejum de quarenta dias e da tumba que o Ancião havia lhe imposto antes de Belém...

XII

Eu vi o Espírito descer do céu como uma pomba e repousar sobre Ele. Por mim, eu não o conhecia, mas o que me enviou para batizar com água me disse: Sobre aquele que vires descer o Espírito e sobre ele repousar, esse é o que batiza com o Espírito Santo.

João Batista

Acima das igrejas de Ussat e da gruta do Eremita ou de Ornolac, a alguns passos delas, encontra-se uma pequena gruta isolada que domina o vale e o lago do Ariège, propícia para longas meditações.

Era o lugar escolhido para o retiro e o jejum impostos ao futuro Perfeito, imediatamente antes da "morte de sua matéria", lagarta tornando-se crisálida.

Lugar escolhido com cuidado, por ser ao mesmo tempo agradável e austero; canto sonhado para acalmar a crise e a visão da Verdade, conhecidas por todos os profetas, todos os iniciadores e todos os iniciados, antes de serem devolvidos ao mundo material para nele cumprirem sua missão.

O Ancião conduziu, então, Matheus à sua nova e provisória morada.

A gruta estava organizada para o serviço que era esperado; exposta ao sol o dia todo, pequena cama de folhas lá no fundo, ao abrigo das correntes de ar, grande pedra achatada, no centro, para servir de mesa, outra pedra formando assento.

Acácias e terebintos cresciam à entrada, marcando-a de um verde sempre vivo.

– Eis aqui teu retiro, meu filho. Aproveita os dias que se seguirão; organiza tudo o que pudemos te ensinar; acaba de fazer amadurecer o fruto que, logo, te parecerá bem doce, pois terás merecido comer bons bocados.

E o Ancião voltou às suas numerosas ocupações.

Terminada a sua primeira oração nesse lugar, Matheus, da entrada de seu retiro, lançou um olhar sobre a paisagem. Ele podia, do alto desse observatório, abranger com o olhar o vale e o lago que lhe pareciam minúsculos, a montanha em frente, os amontoados de rochas perdidas sobre as encostas.

Rapidamente, seguindo seu louvável hábito, transportou-se em pensamento às épocas as mais remotas.

Templos de rochas naturais da Ásia central, dos quais falavam os antigos.

Mistérios da época atlante.

Os deuses Sol e Lua saindo das montanhas. Pedras, cavernas, alinhamentos, lugares de mistérios dos antigos celtas.

Caverna cheia de flores e de fontes consagradas ao Criador.

Costume comum do uso de grutas, fendas e cavidades para os Mistérios.

Ele teve plena consciência de que o culto divino mais antigo efetuou-se nas grutas e cavernas naturais ou artificiais, pois esses locais eram propícios para o encontro com a onipotente essência criadora.

Como as Igrejas, suas igrejas, lhe pareciam belas e queridas!

Os dias de retiro, que podiam parecer longos, em realidade pareciam curtos para Matheus no estado de êxtase contínuo em que estava mergulhado.

Seus olhos não viam. Sua alma, em parte livre do corpo, prosseguia sua purificação e sua regeneração. Ela tornava-se bela, irradiante, e afastava-se cada vez mais da atmosfera terrestre.

O Perfeito abandonava, pouco a pouco, seu corpo animal e formava seu corpo espiritual.

Trabalho da lagarta que prepara sua crisálida.

Parecia-lhe, entretanto, que alguma coisa lhe faltava. O que seria? Não saberia dizer.

Um dia, um grupo de pássaros descia pelo vale, depois de haver transposto os elevados montes. Contrariamente a seu hábito, Matheus seguia atentamente o vôo, procurando reconhecer a espécie. De repente, enquanto essas aves voavam alto, seguindo as sinuosidades do vale, uma delas destacou-se do grupo e dirigiu-se à gruta do retiro, a gruta da Acácia.

Surpreso, Matheus não perdeu de vista o pássaro que, sem precipitação, num vôo suave e regular, aproximou-se dele.

– Oh!, disse a si mesmo, uma pomba!

Esse nome produziu uma tal perturbação em seu cérebro que ele, de olhos fixos no animal simbólico, caiu de joelhos.

– A pomba!... A pomba!...

Pareceu-lhe que uma mudança se operava nele.

Ele estava no céu.

Ele viu, em seu interior, a pomba alcançar a gruta, pousar um instante sobre a sua cabeça e partir de novo tão graciosamente como havia chegado, seguir o vale e perder-se no horizonte.

Que quadro sublime!

Caiu em si novamente:

– A pomba!... O Paracleto!... Ó, Cristo, obrigado, obrigado!... Meu Deus, que o teu santo nome seja abençoado!...

A partir desse dia, Matheus parecia ainda mais senhor de si mesmo. Suas pesquisas interiores aumentavam o círculo comum dos conhecimentos habituais de seus irmãos. De seu cérebro emanava um novo dom, que lhe permitia entrar resolutamente no degrau superior da iniciação.

Durante esse período de solidão em que se achava, ele não se culpou de vaguear nas alturas espirituais, muito pouco conhecidas até então. Chegou, assim, a dados seguros sobre as raízes históricas das lições que lhe haviam sido transmitidas.

A alma, purificada pela Luz, entra nos domínios da Água Viva.

Sobre essa Água Viva navega a luminosa nave da Lua.

Para aproximar-se das regiões celestes, a alma deve embarcar na luminosa nave da Lua.

De lá, um outro barco de Luz, o Sol, conduzi-la-á, ainda mais longe, até ao fogo da vida.

E a alma é levada de volta à sua origem, ao Rei de Luz, ao Paraíso.

Agora tudo se esclarecia para Matheus, que até então não havia compreendido o que um irmão do Templo (o Templo do Espírito) desenhara numa parede da gruta: um barco, num oceano de almas purificadas, levava no centro um *iesmon-resch* (Jesus-Deus), segurado com mão firme, trazendo, à esquerda, uma águia, à direita, o monograma de Cristo.

A coluna crística é o barco de luz do Sol; é a terra salva pela ressurreição, graças a Cristo.

A águia do Espírito divino, a árvore da vida, o barco de Ísis, a coluna de luz, que ele vira desenhados toscamente por uma mão, se não hábil, pelo menos firme e documentada, entravam em seu espírito com a importância que os antigos lhe davam.

Convencia-se do valor da herança total: atlante, hindu, persa, babilônio e egípcio.

Sem dúvida, à noite, ao levantar os olhos para as estrelas, sentado à entrada da gruta, encontraria aí *Christus Demiurgos,* cujo poder celeste quis a obra da Criação.

O que ele apreciava, acima de tudo, para estudar, meditar, era a vida de Maria Madalena, sua vinda para a Provença, seu estabelecimento junto aos taruscos rodanianos, irmãos dos taruscos do Sabartez, dos quais ele, Matheus, era digno descendente.

Havia aí um mistério que ele gostaria de elucidar.

Independente de sua vontade, ele revia o cálice de ouro de Jesus, e, imediatamente, a taça sagrada não podia, em seu cérebro, ser separada de Maria.

E os acontecimentos sucediam-se.

Maria, assistindo à apresentação da cabeça de João Batista a Herodíade, por Salomé, dando um grande grito: porque os olhos, fechados até então, abriram-se, arregalados, olhando-a... Ó, mistério dos mistérios!

Maria, encontrando-se em seu quarto, sacudindo seu vestido e... estremecendo, ao encontrar, no tecido, gotas do sangue de João.

Maria, impelida para Magdala por uma força desconhecida, pedindo permissão a Herodes para regressar à sua casa.

Maria, feliz de encontrar sua casa, as belezas da Galiléia e, também, o esquecimento de sua vida passada, de suas libertinagens.

Maria, acompanhada por Ahmosi, o misterioso egípcio que a amparava quando, desfalecendo, ouviu o primeiro golpe de martelo cravando o primeiro prego. Aquele que, diante de Maria, mãe de Cristo, inclinou longamente sua cabeça branca... e que caiu de joelhos ao ouvir as divinas palavras de Cristo:

Meu Pai, perdoa-lhes, pois não sabem o que fazem...

E que disse baixinho a seus irmãos:

– Vinde!... Nós já não temos o direito de estar aqui.

Maria, que ungiu o Senhor com perfume e que enxugou-lhe os pés com os cabelos, como disse João, o apóstolo bem-amado.

Ora, a mãe de Jesus e a irmã de sua mãe, Maria, mulher de Cleófas, continua João, e Maria Madalena, estavam perto de sua cruz.

Jesus, vendo sua mãe e, perto dela, o discípulo que ele amava, disse a sua mãe:

Mulher, eis o teu Filho.

Depois, disse ao discípulo:

Eis tua mãe.

Matheus reconhecia aí uma missão divina:

Maria é mãe da Igreja de Jesus, a Igreja do Espírito.

João, filho de Maria, Mãe da Igreja, tornando-se chefe dessa Igreja.

E Maria Madalena?

Mas um dos soldados lhe perfurou o lado com uma lança e, imediatamente, saiu sangue e água. Maria estava sempre ali, uma taça na mão, regando com suas lágrimas os pés de Cristo, enxugando-os com seus cabelos, querendo ungir o divino corpo.

– Sim!... Sim!... A taça!... O sangue de Cristo!... Maria!...

O olhar que Jesus havia longamente voltado para ela após a missão confiada a João.

Eis a outra missão que Maria havia recebido de Jesus Cristo.

João e Maria haviam compreendido. João: cuidar da Igreja do Espírito; Maria: proteger e servir a taça, o Santo Graal.

Os acontecimentos, então, precipitavam-se.

Maria Madalena, Marta, Trófimo, Maximino, num barco de Ahmosi, conduzidos a Roma, depois a Marselha, às margens do Ródano, junto aos taruscos na região de Tiberíade, esses irmãos dos taruscos do Sabartez.

E Maria, subindo a montanha, numa gruta, como seu Mestre, e fazendo tanto e tão bem no país gaulês que, dos Pireneus ao Reno, as pessoas acorriam para a região de La Baume e a via Aurélia era constantemente percorrida por peregrinos e enviados das tribos.

Entretanto, o último Pontífice, o grande Adepto de Tebas, deixara Maria e sua comitiva em Roma.

Ahmosi retornou ao Egito para aí morrer, ao mesmo tempo que os últimos hierofantes de Hermes.

O Egito! O Egito!

E, como ele, Matheus havia visto agora a esperança eterna, o Deus de Amor!

Uma tarde, o Ancião veio anunciar-lhe o fim de sua estada na gruta da Acácia. Seu retiro devia terminar em Kepler. Matheus deixou sua habitação provisória e seguiu o Mestre na senda de Belém.

Terceira Parte

Belém

Interior da gruta de Belém

Quem ama sua vida perdê-la-á;
e quem aborrece sua vida neste mundo
guarda-la-á para a vida eterna!

Jesus

XIII

Belém

Quem ama sua vida perdê-la-á; e quem aborrece sua vida neste mundo guarda-la-á para a vida eterna!

Jesus

Sem dúvida, Matheus estava pronto para enfrentar a última fase de sua iniciação, para oferecer o sacrifício de sua vida, finalidade suprema de sua longa preparação.

Mas, então, ainda lhe faltava o aniquilamento de sua matéria, o ato de restituir ao pó o que nada mais é, senão pó.

Devia morrer antes de elevar-se em Espírito.

E eu, quando for levantado da terra, atrairei todos os homens a mim. – Jesus

Eis por que, antes de passar pelo pentáculo de Belém, antes de receber o *consolamentum*, sacramento da morte da matéria, o futuro Perfeito devia abandonar sua lagarta.

A lagarta torna-se crisálida ao deixar seu primeiro envoltório; para tornar-se homem-espírito ele devia preparar o abandono de seu invólucro material.

Ele compreendeu o mistério das três grutas sagradas, sobrepostas, coligadas à capela do Eremita, que seus mestres haviam denominado: Kepler, Mès-Naut e Ka*, de baixo para cima.

O Mestre chegou a Kepler, retirou uma pedra pentagonal, rente ao chão, para abrir uma passagem, e explicou a Matheus:

– Meu filho, aqui está o mistério da morte, da reformação e da transformação. Não esqueças as palavras do Mestre ao ir ao sepulcro de Lázaro: *Eu sou a ressurreição e a vida; quem crê em mim, ainda que esteja morto, viverá! E todo aquele que vive e crê em mim nunca morrerá.*

Tu sabes que para reviver em Espírito é preciso abandonar para sempre a matéria. Olha, é neste lugar que, durante quatro dias, saberás como desembaraçar-te dela. Serás digno, nesse momento, de te elevares até a gruta de cima, Mès-Naut.

Serás crisálida, homem-espírito, que livraremos, em Belém, de toda materialidade.

O Perfeito, o irmão em quem te tornarás, terá apenas um objetivo: saber elevar-se através do caminho das estrelas até Ka, a terceira gruta acima de tua cabeça.

A transformação, ó Matheus, fará de ti, então, o digno apóstolo do nosso divino Mestre: serás alma-luz* pela eternidade. O caminho de Cristo, o caminho do Santo Graal, é duro; mas é belo!

Mais um esforço, meu caro filho, ainda um pouco de coragem. Teu triunfo está próximo.

Matheus entrou resolutamente em Kepler, a pequena gruta de baixo: era simplesmente uma tumba, de tamanho suficiente para que ele pudesse movimentar-se e levantar-se.

A ressurreição de Lázaro de súbito veio-lhe à mente: Jesus, estremecendo em si mesmo, veio à tumba. Era uma gruta, e haviam posto uma pedra sobre ela.

Ele compreendeu.

Habituado ao silêncio, à meditação, à oração, ele se dispôs a tornar o tempo o mais agradável possível.

Matheus estava numa tumba, mas deu-se conta de que não fora esquecido e que seu estado provisório não era o abandono de seu corpo material restituído ao pó, mas a sobreposição de seu corpo espiritual ao seu corpo material, o que constitui a reformação indispensável.

O Perfeito, o super-homem, tinha necessidade, para desempenhar sua missão na terra e durante sua vida, de seu corpo como portador de seu espírito-diretor; o sacrifício total era pedido unicamente com essa finalidade: sempre mais alto, Mès-Naut.

A partir dessa compreensão, todas as lições de seus irmãos maiores lhe vieram à mente, e em profusão, entretendo-o, em seu isolamento, por longos momentos, numa classificação indispensável: um egípcio morria em Osíris. Do mesmo modo, um cristão morre em Cristo – *in Christo morimur*.

As palavras de Paulo lhe abriram o sentido desse sagrado mistério: os fiéis são os co-herdeiros de Cristo.

A união mística mostrou-lhe a herança egípcia* e sua natureza cósmica com: seu corpo físico, seu espírito, sua alma.

As nobres palavras de Hermes ressoaram na tumba: *Queres viver com os deuses? Queres tornar-te um deus? Sê, pois, digno disso! Que tua conduta sobre a terra seja conforme a vontade dos deuses; que ela siga a ordem divina do cosmo! Então, os deuses não terão vergonha de tua presença e poderás falar-lhes de igual para igual.*

Desligar-se da terra, ser cativado pelo ideal de perfeição da alma, significa nascer como homem perfeito e morrer para o mundo do além.

A morte terrestre nada mais é do que um novo nascimento, um renascimento no Espírito, um rejuvenescimento do Eu profundo.

No momento em que o corpo terrestre cessa de desempenhar um papel ativo, Ka desempenha, depois da morte, o papel do corpo terrestre durante a vida. Ka é a alma-luz, o corpo astral.

O Espírito é a parte eterna do ser humano; a vida normal do Espírito está condicionada, primeiramente, por sua justificação e, em seguida, por sua purificação ritual e por sua santificação no seio de Cristo!

Abandonar a matéria, livrar-se dela moralmente, é a lagarta retornando à terra. A lagarta reforma-se em crisálida, assim como o homem-matéria reforma-se em homem-espírito.

A pequena gruta Kepler, matéria, remete à gruta Mès-Naut, Espírito. Depois, Belém consagra esse estado.

Porém Ka, a terceira gruta sagrada, permanece o alvo supremo de todo Perfeito: sua transformação de homem-espírito em alma-luz, corpo astral.

Com efeito, a crisálida deve transformar-se em alma perfeita (inseto perfeito).

Eu sou o hoje;
Eu sou o ontem;
Eu sou o amanhã!
Eu sou a alma divina e misteriosa.
Minha irradiação ilumina todo ser ressuscitado
que, enquanto passa no reino dos mortos
por transformações sucessivas,
procura seu caminho penosamente
através da região das trevas.

Livro dos mortos – cap. 64

Podeis imaginar que, durante esses poucos dias de preparação para o sacrifício total, Matheus teve tempo para rever tudo que lhe haviam ensinado e demonstrado.

Ele sabia que Cristo havia dito de Lázaro na tumba:

Esta enfermidade não é para a morte, mas para a glória de Deus, para que o Filho de Deus seja glorificado por ela.

Ele ainda ficou dois dias no lugar onde estava.

Os apóstolos não compreendiam.

Enfim, Ele lhes disse:

Lázaro, o nosso amigo, dorme; mas vou despertá-lo do sono.

E mais tarde:

Lázaro está morto!

Chegando a Betânia, Ele soube que Lázaro estava na tumba já há quatro dias.

Depois, a cena da ressurreição.

Marta, Maria, chorando, seguiam Jesus para lhe implorar.

Marta, não te disse que, se creres, verás a glória de Deus? Tirai a pedra!

Tiraram, pois, a pedra.

E Jesus, levantando os olhos para o céu, disse: *Pai, graças te dou, por me haveres ouvido.*

Quantas reflexões a partir desse momento:

Lázaro – mas era João, o discípulo bem-amado.

E sua morte? Era a última fase da iniciação que lhe permitia livrar-se do invólucro material; era a reformação, a lagarta transformando-se em crisálida, isto é, o homem-matéria tornando-se homem-espírito.

O indispensável para um Perfeito, obrigado por sua nobre vocação a ficar na matéria a serviço total de seus semelhantes, é estar pronto, sempre pronto, não obstante, para o reencontro com Cristo na primeira necessidade:

Discípulo de Cristo!

Mistério profundo! A vida, a morte, os fenômenos ligados a isso. Pluralidade da existência da alma, em vista da Perfeição indispensável! Dos primeiros cristãos, dos celtas e dos druidas.

Hipótese da reencarnação! Sedutora, consoladora em primeiro lugar, mas, do mesmo modo, terminando em um Nada ao pensar em que a alma pode se tornar.

Hipótese da filosofia espírita: aperfeiçoar-se sem cessar, recomeçando a renascer e a morrer.

Opinião dos filósofos puros, nunca convincente, entre a vida e a morte, constatações que não se demonstram.

E Jesus?

Parece que ele fez alusão à reencarnação de Elias na pessoa de João Batista, mas nunca fala da lei da reencarnação. Jesus nos convida à infinita beatitude da vida eterna. Ele nos ensina a nos libertarmos dos grilhões deste mundo, a passar, mesmo neste mundo, da vida material à vida espiritual, o que já é preparar a transformação da alma.

E, fatalmente, Matheus era reconduzido aos mistérios egípcios.

Vinha-lhe à mente terem os iniciados ficado na tumba mais de três dias, como João-o-bem-amado-Lázaro, como ele mesmo, para desembaraçar-se do envoltório-matéria. Pois é duro carregar o tempo todo um fardo de pecados, fardo que segue o espírito no além.

Desespero de uma alma que sofre no além com o espetáculo de suas próprias imperfeições na terra, e que aspira por resgatá-las.

Ó Deus da verdade e da justiça!
Destrói o mal que está em mim!
Faze desaparecer minha maldade, meus crimes.
Varre do meu coração todo o mal
que poderia separar-me de ti,
a fim de que eu esteja em paz contigo!

Livro dos mortos – Cap. 14

A pesagem das palavras, o julgamento do finado no além, permitem a entrada na bela Amenti ou a sua prisão, em vista do resgate das faltas do homem-matéria.

Se for digno de seguir sua transformação, ele se identifica com Osíris.

E Matheus revê o Osíris* verde das tumbas, o escaravelho*, princípio sagrado das metamorfoses, seu vizinho de tumba.

O defunto penetra no mundo inferior e na bela Amenti. Ao sair em direção à plena luz do dia, ele pode se manifestar à vontade sob todas as formas de existência.

Eu sou o deus Rá!
Eu sou a grande divindade!
Eu me tornei um deus, vosso igual!

Livro dos mortos – Cap. 17

Quando ele tiver de atravessar as *regiões do fogo*, não ficará cercado, sem saída, pelas *más ações cometidas durante sua vida terrena: elas não o manterão prisioneiro pela Eternidade.*

Livro dos mortos – Cap. 18

Após a morte física, liberto da matéria, revestido pelo envoltório sutil, o corpo astral, que é ameaçado de uma segunda morte. Terceira parte da metamorfose, da transformação, medo terrível para o finado. Com efeito: *Para tornar perfeitos os espíritos santificados, é preciso o sacrifício livremente consentido do ser humano purificado, santificado, que atingiu a perfeição divina.*

Livro dos mortos – Cap. 130

Matheus revê a longa sucessão dos dias passados no silêncio e recolhimento das grutas: a escola do silêncio!

Mistérios de purificação e de santificação das imensas galerias, com seus abismos misteriosos, suas torrentes subterrâneas impressionantes, suas vastas salas – catedrais.

Contemplação! Oração! Meditação!

Lugares veneráveis onde o Espírito sempre soprou; centro de iniciação de todos os tempos.

As belas tríades druídicas ainda guardam os seus ecos nas cavernas subterrâneas. Os círculos, os dolmens, os menires, mistérios de uma rica teogonia que os nossos apóstolos puderam aceitar sem nenhuma hesitação ornam a região com nobre simplicidade. Entretanto, os restos gigantescos do *ursus pyreneum* parecem proteger sempre os sacerdotes sagrados dos sagrados mistérios.

A mitologia dos romanos, os santos apóstolos do puro cristianismo primitivo, os sábios gnósticos portadores da elevada ciência de Hermes Trismegisto, os doutores ecléticos alexandrinos, todos divulgando por toda parte o reino do Deus de Amor, pois o dualismo, o negativo dualismo, teve fim com a Escola de Alexandria. Não há lugar para o "mal" no reino do Amor!

Mesmo a velha poeira de Toledo* deixou desabrochar aqui os magníficos fundamentos do Santo Graal e de seus altivos guardiães e formou o nobre leito do catarismo pireneu, cuja elevada espiritualidade é marcada em todo o centro de Ussat-Ornolac, sobre todo o Tabor e o altivo Montségur, em toda a Occitânia, numa palavra.

Guardiães dos grandes mistérios, fiéis ao seu belo conjunto iniciático! A prisão, os sofrimentos, a morte.

Matheus, como todos os Bons-homens, seus irmãos dentro de pouco tempo, não temia absolutamente a nova vida que o esperava: Cristo não dera o exemplo?

Porém, tinha pequenos temores, vãos, certamente; pois que falta poderia cometer um jovem noviço durante a longa e dura iniciação, num mundo eternamente silencioso, com mestres e companheiros de uma austeridade total, ao abrigo das tentações e dos redemoinhos do mundo exterior? Ser humano justificado, purificado, sobre o reto caminho da perfeição?

Sim, sem dúvida. Mas, faltava-lhe, para pretender o inefável e eterno Ka, para tornar perfeito seu espírito santificado: o sacrifício livremente consentido a partir de sua reformação!

E já despontava, no Perfeito de amanhã, a última perfeição em Cristo. O escaravelho-lagarta, ao seu lado, indicava o caminho a seguir; transformado em crisálida, após a morte de sua primeira matéria, tinha apenas uma meta: transformar sua crisálida em inseto perfeito, isto é, num belo escaravelho novo.

Mas, o Osíris verde das tumbas transformou-se no Osíris negro das regiões celestes. E é ele que espera a chegada das almas-luz para conduzi-las ao reino da Divindade.

Depressa, depressa, após Kepler,
amanhã Mès-Naut,
pelo pentáculo de Belém,
pelo sacrifico total livremente consentido;
depois, a última perfeição em Cristo,
pela santificação do caminho do Santo Graal.

Pentáculo na gruta de Belém

Gruta de Belém

XIV

Eu sou o bom pastor; o bom pastor dá a sua vida pelas ovelhas.

Jesus

O Ancião veio visitar Matheus!

A tarde caía. A lua, em seu apogeu, banhava com seus raios pálidos o Ariège e seu lago. As montanhas, projetando sombras fantásticas, recortavam-se no céu azul escondendo zelosamente as grutas e as cavernas do Sabartez.

Mal se via o atalho das igrejas nesse claro-escuro; distinguia-se apenas uma faixa cinzenta na base dos rochedos. Mas o Ancião conhecia bem todos os cantos e recantos de seu vasto domínio; e Matheus o seguia maquinalmente... seu espírito estava em outra parte.

Eles chegaram à célebre gruta fortificada, à *spoulga* de Ornolac, que encerrava a capela denominada Belém. Atravessaram um primeiro recinto, depois um segundo, e chegaram à entrada principal. As portas se abriam diante deles como por encanto, o que já não causava admiração a Matheus.

Agora ele sabia que nada era entregue ao acaso; os Bons-homens, os irmãos, estavam sempre prontos a se dedicar, a prestar serviço, ao primeiro sinal, ao primeiro apelo.

Eles estavam na *spoulga* propriamente dita. Uma escada de degraus largos, formada de pedras arredondadas, conduziu-os a uma espécie de arco do triunfo que não se distinguia senão vagamente.

– A porta mística, pronunciou o Ancião.

E essa palavra trouxe Matheus à realidade.

– Oh! A porta mística, repetiu ele com evidente alegria. Ele teria gostado de vê-la, examiná-la minuciosamente.

O Ancião continuou rápido sua caminhada, atravessou uma sala, uma espécie de pórtico, e chegou a uma entrada baixa que se abria na rocha oposta. Era preciso abaixar-se, rastejar quase, num corredor de rocha de uma dezena de metros. Outra pequena porta: subitamente uma sala, a capela.

Comovido, como que transportado para um outro mundo, Matheus deixou-se conduzir, pois havia compreendido que tinha chegado ao Templo do Altíssimo, ao lugar sagrado de sua Ordenação, de sua Reformação. Prazer imenso! Alegria inefável que anulava momentaneamente toda a sua vontade.

– Eis-te em Belém, meu filho.

Amanhã serás nosso irmão. Pede a Cristo, nesta noite, que te torne plenamente digno de receber o *consolamentum*. Deixo-te com Ele.

Matheus já estava prosternado quando o Ancião, após ter terminado de falar e de dizer uma santa oração, voltou à passagem e saiu.

Seria bem difícil avaliar o tempo transcorrido antes que Matheus tivesse retomado a consciência de si mesmo. Por fim, ergueu-se e olhou de relance a capela de onde só podem sair os Puros.

A estrela brilhava a leste, na cavidade do rochedo: ela espalhava uma tênue claridade, tão discreta que parecia um raio de lua refletido. A mesa de granito, de belas dimensões, estendia-se majestosamente sob a estrela. A porta reservada, obviamente fechada, destacava-se na alta muralha que unia as paredes das duas rochas opostas, ao Norte. Somente os fiéis tinham o direito de transpor essa porta, desde que precedidos pelo chefe da Ordem; apenas este tinha o direito de abri-la ou fechá-la. Essa era uma honra reservada exclusivamente aos Puros que o chefe queria recompensar.

A escada de granito que Matheus observou, que partia da porta reservada, prolongava-se ao longo da muralha em direção à estrela, reservando aos oficiantes um espaço suficiente frente à mesa: granito, puro granito.

– Oh... na muralha um véu de linho branco recobria... talvez!...

Enfim, seus olhos caíram sobre o pentáculo cavado na rocha, degraus que subiam, degraus que desciam.

E Matheus mergulhou em suas orações.

Ele havia compreendido!

A hora do sacrifício ia soar.

Ele estava preparado.

Seu corpo material, vencido, não contava mais, por assim dizer; sua alma, há muito tempo, aprendera a voar pelo caminho das estrelas.

Ele só desejava terminar com mestria uma iniciação já extraordinária.

Pelo Deus de Amor, por Cristo, nada mais contava dali em diante.

Ele nem mesmo percebeu que os irmãos tinham vindo, de manhã bem cedo, trazer as tochas e as lamparinas a óleo para iluminar brilhantemente a capela.

Sim, Belém estava iluminada.

O pentáculo, circundado de luz, era de fato a estrela dos magos; a mesa, coberta com uma toalha branca, sustentava a grande Bíblia, que só aparecia nos grandes acontecimentos; toalhas brancas estavam postas ao lado para *a purificarão das mãos.*

E, embora também brilhantemente iluminado, o véu de linho branco permanecia sempre misterioso sobre a muralha, acima da mesa.

Os irmãos tomavam lugar na capela, de joelhos, imersos em suas orações. Todos respeitavam a profunda meditação de Matheus, sua comunhão íntima com o divino Mestre.

Entretanto, foi preciso trazê-lo para a realidade, realidade doce, alegre, uma vez que ele aceitara, bom pastor como Ele, dar sua vida pelas ovelhas.

XV

Eu sou o Alfa e o Ômega, disse o Senhor
Deus: aquele que é, que era e que há de vir.
Apocalipse de João

O Ancião, pois é ele o oficiante, está ajoelhado diante da mesa de granito. Dois irmãos o assistem, igualmente ajoelhados, à sua direita e à sua esquerda. Matheus está na frente, sozinho. A capela está repleta de irmãos, todos também ajoelhados. Por detrás de Matheus, seu veterano traz em seus braços as vestimentas sagradas que lhe são destinadas.

De repente, a porta reservada abre-se lentamente. O chefe da Ordem entra, desce pela pedra de granito, segue a muralha e cai de joelhos sobre a pedra granítica colocada sob o véu de linho branco, um pouco acima e atrás do Ancião e de seus dois assistentes.

Oração!

Ele se ergue, seguido por toda a assistência.

O oficiante e seus dois ajudantes procedem à lavagem das mãos; as toalhas brancas colocadas ao lado da grande Bíblia, sobre a mesa, enxugam e completam a purificação das mãos. Então, lenta e afetuosamente, o Ancião pronuncia sua alocução:

– Matheus, deveis compreender que quando estais diante da Igreja de Deus, estais diante do Pai e do Espírito Santo, como as divinas escrituras o demonstram, pois Cristo disse no Evangelho de Matheus:

Porque onde estiverem duas ou três pessoas reunidas em meu nome, aí eu estou no meio delas...

E no Evangelho de João, disse:

Se alguém me ama, guardará minha palavra e meu Pai o amará; e viremos a ele e faremos nele morada.

E Paulo disse na segunda epístola aos Coríntios:

Porque vós sois o templo do Deus vivente, como Deus disse a Isaías: Neles habitarei, e entre eles irei; e serei seu Deus e eles serão o meu povo. Por isso, apartai-vos, diz o Senhor, e não toqueis nada imundo, e eu vos receberei; e serei para vós Pai, e vós sereis para mim filhos e filhas, diz o Senhor Deus todo-poderoso.

E em outro lugar ele diz:

Procurai o testemunho de Cristo que fala em mim.

E na primeira Epistola a Timóteo, diz:

Escrevo-te estas coisas, esperando ir ver-te bem depressa, mas, se tardar, para que saibas como convém andar na casa de Deus, que é a igreja do Deus vivo, coluna e firmeza da verdade.

E o mesmo ele disse aos Hebreus:

Porém, Cristo é como um filho em sua casa, casa esta que somos nós.

Que o Espírito de Deus esteja com os fiéis de Jesus Cristo.

Cristo o demonstra assim no Evangelho de João:

Se me amardes, guardareis os meus mandamentos. E eu rogarei ao Pai e Ele vos dará um outro consolador, para que fique convosco para sempre, o Espírito da verdade, que o mundo não pode receber, porque não o vê, nem o conhece; mas vós o conheceis, porque habita convosco e estará em vós. Não vos deixarei órfãos; voltarei para vós.

E no Evangelho de Matheus, ele diz:

Eis que estarei sempre convosco, até a consumação dos séculos.

E Paulo disse na primeira epístola aos Coríntios:

Não sabeis vós que sois o templo do Deus vivo e que o Espírito de Deus habita em vós? Se alguém violar o templo de Deus, Deus o destruirá, pois o templo de Deus, que sois vós, é santo.

E Cristo o demonstra assim, no Evangelho de Matheus:

Pois não sois vós que falais, mas o Espírito de vosso Pai é que fala em vós.

E João diz em sua epístola:

E nisto conhecemos que permanecemos nele e ele em nós, pois que nos deu do seu Espírito.

E Paulo diz aos Gálatas:

E, porque sois filhos de Deus, Deus enviou o Espírito de seu Filho aos vossos corações, clamando: Abba!... Pai!...

Com isso é preciso entender que a vossa apresentação que fazeis diante dos Filhos de Jesus Cristo confirma a fé e a predicação da Igreja de Deus, conforme as divinas escrituras nos dão a entender, pois o povo de Deus, em um passado remoto, separou-se de seu Senhor Deus. E afastou-se do conselho e da vontade de seu Santo Pai, pelo embuste dos espíritos malignos e por sua submissão à vontade deles.

E por essas e muitas outras razões, é dado a entender que o Santo Pai tem piedade de seu povo e quer recebê-lo na paz e na concórdia pelo advento de seu Filho Jesus Cristo, e eis a ocasião.

Estais diante dos discípulos de Jesus Cristo, no lugar onde habitam espiritualmente o Pai, o Filho e o Espírito Santo, como foi demonstrado acima, para receber esta santa oração que o Senhor Jesus Cristo deu a seus discípulos, de forma que as vossas orações e as vossas preces sejam atendidas pelo nosso santo Pai.

Por isso deveis compreender, se quiserdes receber esta santa oração, que é preciso arrepender-vos dos vossos pecados e perdoar a todos os homens, pois nosso Senhor Jesus Cristo disse:

Se não perdoardes aos homens os seus pecados, o vosso Pai celeste não perdoará os vossos próprios pecados.

Novamente convém que tenhais em vosso coração o propósito de conservar esta santa oração por todo o tempo de vossa vida, conforme o costume da Igreja de Deus, com castidade e com verdade, e com todas as outras boas virtudes que Deus quiser vos dar. Por isso nós rogamos ao bom Senhor, que deu aos discípulos de Jesus Cristo a virtude de receber esta oração com firmeza, que ele vos dê também a graça de recebê-la com firmeza, em honra dele e de vossa salvação.

O Ancião, de joelhos, diz a oração:

– *Pai nosso que estás no céu*, etc., seguido por todos os presentes, igualmente ajoelhados.

Depois, novamente em pé, o Ancião continua:

– Nós vos entregamos esta santa oração a fim de que a recebais de nós, de Deus e da Igreja, e que tenhais o poder de dizê-la todo o tempo da vossa vida, de dia ou de noite, só ou acompanhado, e que nunca comais ou bebais sem dizê-la, antes de tudo.

Se faltardes com isso, será preciso fazer penitência.

Matheus, prosternado ante o Ancião, assim como os demais irmãos, respondeu com voz firme a cada pergunta feita por seu Mestre.

A cerimônia, seguindo o ritual que havia previsto os mínimos detalhes, continuou com o batismo do Espírito Santo.

– Matheus, quereis receber o batismo espiritual pelo qual é dado o Espírito Santo na igreja de Deus, com a santa oração, pela imposição das mãos dos Bons-homens.

Desse batismo nosso Senhor Jesus Cristo diz no Evangelho de Mateus a seus discípulos:

Portanto, ide, ensinai todas as nações e batizai-as em nome do Pai, do Filho e do Espírito Santo; ensinando-as a guardar todas as coisas que vos tenho mandado; e eis que estou convosco todos os dias, até a consumação dos séculos.

E no Evangelho de Marcos, ele diz:

Ide por todo o mundo, pregai o Evangelho a toda criatura. Quem crer e for batizado será salvo; mas quem não crer será condenado.

E no Evangelho de João, ele diz a Nicodemos:

Na verdade, na verdade te digo que nenhum homem entrará no reino de Deus se não tiver sido regenerado pela água e pelo Espírito Santo.

E João Batista falou desse batismo quando disse:

É verdade que eu batizo com água, mas aquele que há de vir depois de mim é maior do que eu; eu não sou digno de desatar a correia de suas sandálias. Ele vos batizará com o Espírito Santo e com fogo.

E Jesus Cristo diz nos Atos dos Apóstolos:

João batizou com água, mas vós sereis batizados com o Espírito Santo.

Esse dom do Espírito Santo pela imposição das mãos foi instituído por Jesus Cristo, conforme o que Lucas informa; e ele diz que seus amigos fariam como informa Marcos:

Eles imporão as mãos sobre os enfermos e os curarão.

E Ananias concedeu esse batismo a Paulo quando foi convertido. Em seguida, Paulo e Barnabé o fizeram em muitos lugares.

Paulo e João o concederam aos samaritanos, pois Lucas assim o diz nos Atos dos Apóstolos:

Os apóstolos que estavam em Jerusalém, tendo ouvido que os de Samaria haviam recebido a palavra de Deus, enviaram a eles Pedro e João, os quais ali chegaram, oraram por eles para que recebessem o Espírito Santo, pois ele ainda não havia descido sobre nenhum deles.

Então, puseram as mãos sobre eles e eles receberam o Espírito Santo.

Esse santo batismo, pelo qual o Espírito é dado, a Igreja de Deus o guarda desde os apóstolos até agora; ele veio de Bons-homens a Bons-homens até aqui, e ela o fará até o fim do mundo.

Em seguida, conforme o ritual, o poder de ligar e desligar.

– Matheus, deveis compreender que à Igreja de Deus é dado o poder de ligar e desligar e de perdoar os pecados, e de os reter, como Cristo o diz no Evangelho de João: *Assim como o Pai me enviou, também eu vos envio a vós. E, havendo dito isso, assoprou sobre eles e disse-lhes: Recebei o Espírito Santo. Àqueles a quem perdoardes os pecados, são-lhes perdoados; e àqueles a quem os retiverdes, são-lhes retidos.*

Em verdade vos digo: Se dois de vós se reunirem na terra, tudo que pedirem lhes será concedido por meu Pai que está no céu, pois onde estiverem duas ou três pessoas reunidas em meu nome, eu estarei no meio delas.

Em seguida, o poder de renovar todas as maravilhas realizadas por Jesus Cristo e, por ordem sua, por seus discípulos.

– E em outro lugar ele diz:

Curai os doentes, ressuscitai os mortos, purificai os leprosos.

E no Evangelho de João, ele diz:

Aquele que crer em mim fará as obras que eu faço.

E no Evangelho de Marcos, ele diz:

Quanto àqueles que crerem, estes sinais os seguirão: em meu nome falarão novas línguas; expulsarão serpentes; e se beberem algo mortífero, não lhes fará mal; e imporão as mãos sobre os enfermos e os curarão.

E no Evangelho de Lucas é dito:

Eis que eu vos dei o poder de caminhar sobre as serpentes e os escorpiões e sobre todas as forças do inimigo, e nada vos prejudicará.

Depois, a ordem de permanecer sempre fiel aos mandamentos de Jesus.

– Matheus, se quiserdes receber o poder de renovar todas as maravilhas realizadas por Jesus Cristo e, por ordem sua, por seus discípulos, é preciso manter todos os mandamentos de Cristo e do Novo Testamento conforme vosso poder.

E sabei que ele ordenou:
que o homem não cometa adultério, nem homicídio, nem mentira;
que não faça nenhum juramento;
que não roube, nem furte, nem faça aos outros o que não quer que lhe façam;
que o homem perdoe ao que lhe fez mal, e que ame seus inimigos;
que ore por seus caluniadores e seus acusadores, e os abençoe;
e que se lhe baterem na face, ofereça a outra;
que se lhe tirarem a veste, lhes dê a túnica;
que não julgue nem condene,
e muitos outros mandamentos que foram dados pelo Senhor à sua Igreja.

É preciso igualmente que aborreçais este mundo, suas obras e as coisas que pertencem a ele, pois, João diz em sua Epístola:

Meus muito queridos, não ameis o mundo nem as coisas que são do mundo. Se alguém ama o mundo, a caridade do Pai não está nele; porque tudo que há no mundo é cobiça da carne, cobiça dos olhos e vaidade da vida, que não vem do Pai, mas, do mundo; e o mundo passará e com ele sua cobiça; mas aquele que faz a vontade de Deus permanece para sempre.

E Cristo diz às nações:

O mundo não vos pode odiar, mas ele me odeia porque eu levo o testemunho dele, que suas obras são más.

E no livro de Salomão está escrito:

Tenho visto todas as coisas que se fazem sob o sol: e eis que todas são vaidades e tormentos de espírito.

E Judas, irmão de Tiago, diz, para nosso aprendizado, em sua Epístola:

Abominai essa vestimenta manchada, que é carnal. E por esses testemunhos e por muitos outros, deveis conservar os mandamentos de Deus e abominar o mundo. E, se o fizerdes bem até o fim, temos a esperança de que a vossa alma santificada terá a vida eterna.

Matheus obteve a absolvição dos pecados e pronunciou a fórmula do sacrifício final com uma voz doce, um ar decidido, mas calmo, produzindo profunda impressão em todos aqueles Bons-homens, acostumados à dureza:

Prometo entregar-me a Deus e ao Evangelho;
jamais mentir nem jurar,
não tocar em mulher,
não matar nenhum animal,
jamais comer carne,
não me alimentar senão de alimentos vegetais,
nada fazer sem antes dizer a oração dominical;
não viajar nem passar a noite num lugar qualquer, ou mesmo comer, sem companheiro;
e se eu cair nas mãos de meus inimigos e for separado de meu irmão, de abster-me ao menos durante três dias de toda alimentação;
jamais dormir senão vestido;
enfim, jamais trair nossa Fé, nem mesmo diante de qualquer ameaça de morte.

Ajoelhado.

O Ancião toma a Bíblia, depois de purificar as mãos, coloca-a sobre a cabeça de Matheus, enquanto os Bons-homens designados impõem-lhe as mãos recitando a fórmula consagrada.

Oração e leitura dos dezessete primeiros versículos do Evangelho de João.

Matheus se prosterna, então, no chão, diante dos Perfeitos.

O Ancião retoma a palavra:

– Matheus, é chegado o momento de transformar-te em verdadeiro homem. Vais ter a honra suprema de, pela estrela flamejante, perder toda a materialidade.

Vê o pentalfa luminoso, a divina estrela dos magos: é o símbolo da morte, do fim para ti... Morre, pois, por Cristo.

Mas o divino Mestre disse também: *Eu sou o Alfa*. Ele te conduzirá no caminho das estrelas. Tu voltarás para nós Puro, Perfeito, pois terás tomado tua nova vida em Espírito: teu fim material foi teu começo na vida espiritual. Terás realizado tua reformação: o homem material tornar-se-á homem espiritual. A lagarta tornar-se-á crisálida.

Vai, Matheus, novo discípulo de Jesus Cristo.

Todos os irmãos se prosternaram, menos o veterano designado para Matheus, o qual lhe tirou, então, seus pobres trajes. Matheus, por meio dos entalhes feitos na rocha, tomou lugar no pentáculo. Ele contemplava seus irmãos ajoelhados aos seus pés: a partir desse momento era seu igual.

Ele ouvia sua magnífica oração e se sentia penetrado por um sentimento jamais experimentado, mesmo nas mais longas meditações. Parecia-lhe haver deixado este mundo e ser transportado aos céus.

Viu o chefe da Ordem levantar-se, purificar longamente as mãos, erguer o véu branco, descobrir um tosco tabernáculo na parede, ali enfiar lentamente e com cuidado suas pobres mãos secas pelo jejum e pelos anos, pegar, enquanto abaixava respeitosamente a cabeça...

O momento sublime...

Matheus já não vivia: não, ele já não era deste mundo.

Ele viu, subitamente, uma luz mais viva que a do sol, sair das mãos do chefe e um raio enorme cair sobre os seus olhos...

Nada mais viu senão uma sala completamente mergulhada num clarão que lhe tirou a visão até mesmo do sol. Parecia-lhe ser transportado para o próprio sol. Uma auréola imensa e viva parecia envolver o chefe, que lhe apresentava o santo objeto retirado do tabernáculo.

Ele não pôde deixar de exclamar:

– Oh! A taça! O cálice de ouro! O Santo Graal! Cristo, estou preparado. Sim, ordenai... Como tu, o sacrifício torna-se meu bem, o mais precioso. Sim... A taça... O cálice de ouro... O Santo Graal.

O chefe da Ordem, feliz, havia recolocado a relíquia sagrada no lugar. Encaminhou-se lentamente para Matheus que, ainda pleno de uma profunda emoção, não tinha mais noção da cerimônia, e o levou a transpor o pentalfa luminoso, passar pelos “três degraus” do caminho das estrelas, e descer triunfalmente os seis degraus da escada mística que o conduziam à sua nova vida, pois ele renascia.

Ele seguira o caminho levando as últimas máculas da materialidade, e voltava despojado de tudo, pleno de espiritualidade.

A lagarta estava morta, mas reformara-se em crisálida; o inseto perfeito via despontar sua transformação.

Ainda um pequeno sacramento. Seus pés, tendo tocado o solo, na descida, já não estavam absolutamente puros, e esse estado não permitia o uso das vestimentas sagradas.

Ele foi conduzido até a mesa; seu veterano lavou-lhe cuidadosamente os pés, como o divino Mestre.

Então, Mateus estava absolutamente puro.

Seu veterano apresentou-lhe suas novas vestimentas, as vestimentas sagradas: o *saderé*, espécie de camisa com mangas, com um pequeno bolso logo abaixo da gola para aí colocar o Livro de João; o *kosti*, cinto oco e cilíndrico, feito de setenta e dois fios de linho branco trançados que lhe deu três voltas na cintura; enfim, a toga negra e as pobres sandálias, meio abertas.

Como Matheus estava feliz! Como se sentia honrado! Com que amor ele recitou sua primeira oração de Perfeito, de Puro, de Bom-homem!

Foi abraçado duas vezes por todos os irmãos, começando pelo chefe da Ordem e pelo Ancião, colocados à sua direita e à sua esquerda.

Ele deu o beijo da paz ao chefe que o passou ao seu vizinho, e assim por diante. Após o beijo da paz, o novo Puro recebeu as felicitações de todos. As mais afetuosas, sem dúvida, foram as de Guilhem, que esperava, um pouquinho impaciente, poder recomeçar com ele as conversações que juntos mantinham nas igrejas e no Eremita.

Nesse momento, os bons irmãos não estavam silenciosos nem indiferentes; eles não sabiam como demonstrar a alegria que sentiam ao felicitarem o novo discípulo de Cristo.

Por um instante fizeram trégua às duras normas observadas na iniciação, as quais, por mais duras que fossem, nunca foram esquecidas, jamais transgredidas:

o discípulo é silencioso, jamais argumenta, não procura convencer ninguém, pois a caridade espiritual não se comunica a outrem;

é em *Espírito e em verdade* que importa tornar-se Puro; se ele se ativesse às aparências e às formas exteriores, tudo então não passaria de uma enganosa ilusão;

recolhido em si mesmo, o discípulo reflete profundamente e, assim, penetra os segredos da natureza; ele sabe, com efeito, que a verdadeira tradição jamais foi formulada e que o verdadeiro sábio deve confessar que nada sabe;

ele se lança obscuramente na tarefa que lhe é destinada: temendo toda profanação, ele fala o mais raramente possível, e unicamente na presença de discípulos comprovados.

Hoje é festa em Belém!

Portanto, as línguas podem ser desatadas entre discípulos; e durante alguns instantes pode manifestar-se uma alegria muito doce, tão viva quanto esses Puros, esses Bons-homens, esses Mortos-vivos, são capazes de se compreender um ao outro.

Subitamente a porta reservada se abre.

O chefe da ordem e o Ancião, segurando Matheus paternalmente, cada um por uma mão, dirigem-se ao exterior da *spoulga*.

Um cortejo de irmãos os segue. E eis a apoteose: Matheus passa triunfalmente pela porta mística!

É o fim de sua iniciação: a liberdade de cumprir sua missão lhe é dada.

– Eras Matheus, diz o chefe da Ordem, ao entrares há quatro anos pela muralha simbólica.

Passas glorioso pela porta mística.

Era o Alfa. É o Ômega.

É o fim, sim, do retiro do mundo; mas eis agora o novo começo.

E mostrou-lhe, em frente, sobre o primeiro contraforte do Tabor, o caminho dos cátaros, que conduzia a Montségur, na Occitânia.

Matheus sorriu e agradeceu.

Deus é amor!

Era um homem!

Era um Puro!

Deus é amor!

O sacrifício total sorria-lhe.

Deus é amor!

E as palavras de João, o bem-amado, voltaram-lhe como por acaso:

Deus é amor. E aquele que permanece no amor, permanece em Deus e Deus nele.

Seu divino Mestre só precisava ordenar. Nada faria tremer, nada faria desviar do bom caminho o homem que Belém transformara!

Pessoa alguma no mundo poderia vencer a força misteriosa que ele representava!

Montségur,
o final do caminho dos cátaros

Castelo de Montségur

Mapas

Mapa da Região do Sabartez

Castelos

Mapa da Região das grutas-santuários de Ussat

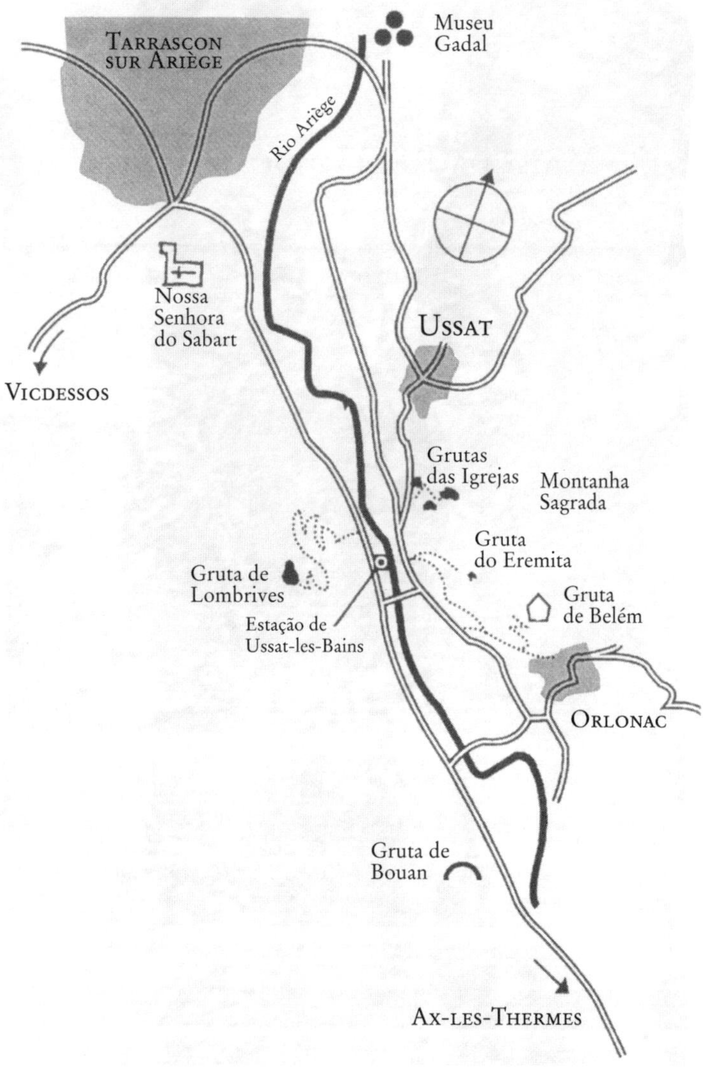

As grutas de Ussat, de Rampolques e do Eremita

1. Gruta de Ussat
2. Muralha simbólica
3. Cozinhas
4. A capela
5. As criptas
6. Igreja superior
7. Satã
8. As oficinas
9. A Acácia
10. A cruz do Grão-mestre
11. Ramploques I, II e III
12. Entrada do Eremita
12a. Saída do Eremita
13. Kepler, Mès-Naut, Ka
14. O Avô

As igrejas de Ussat

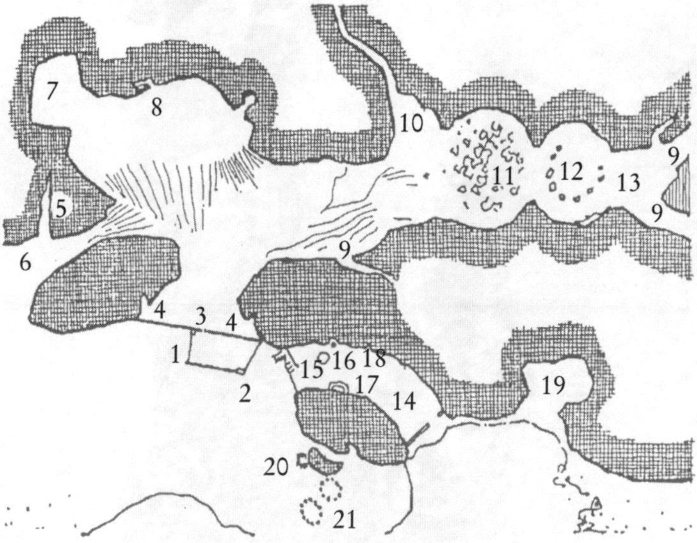

1. Pentáculo
2. Cruz dos templários
3. Entrada
4. Posto de guarda
5. Cemitério
6. Cozinhas
7. Gruta superior de Ussat
8. Posto das orações
9. Entradas inexploradas
10. Passagens com desenhos pré-históricos
11. Sala do caos
12. Refeitório
13. Sala
14. A capela
15. Mesa
16. Graal
17. Fonte
18. A estrela
19. As oficinas
20. Cemitério
21. Círculos druídicos

A igreja de Orlonac

1. Habitação fortificada
2. Fornos de cerâmica
3. Gruta de Belém
4. Mesa de pedra
5. Gruta dos cavaleiros
6. A porta mística

A gruta de Belém

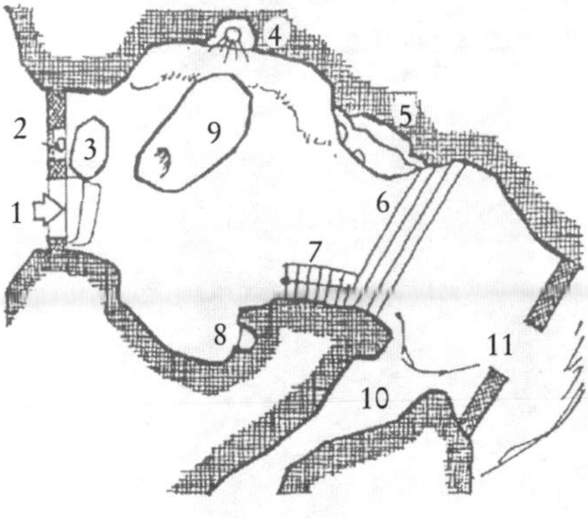

1. Entrada para o Grão-mestre
2. Símbolo
3. Pedra de granito
4. Estrela
5. Pentáculo
6. Plataforma
7. Escadas
8. Luzes
9. Altar
10. Entrada para os Perfeitos
11. Muro com porta de saída

Uma das igrejas superiores

Símbolos

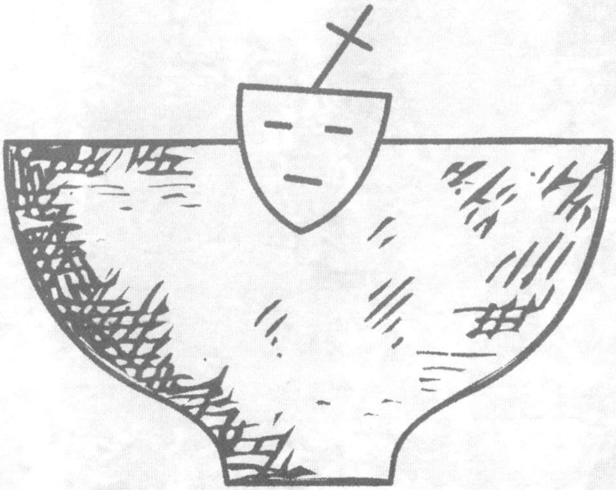

Desenho do Santo Graal
que se encontra na gruta do Avô

Sinais e símbolos encontrados nas grutas de Ussat-Ornolac

Símbolo que se encontra na igreja de Unac,
comunidade dos Perfeitos do século XIII

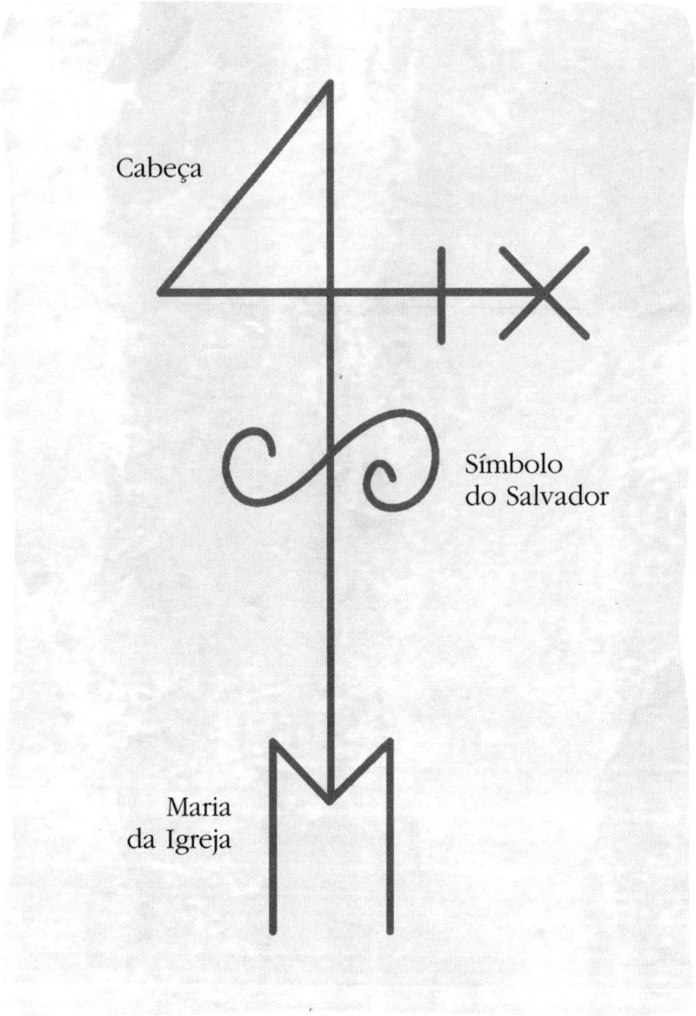

Símbolo que se encontra
na catedral de Lombrives

O barco de Ísis

Desenho que se encontra
na gruta do Grão-mestre

Entrada da gruta de Belém
(spoulga)

Glossário

As palavras marcadas com um asterisco *
no texto estão explicadas abaixo.

Abstinentia – período de prova que servia para saber se o noviço era capaz de continuar sua iniciação, ou se, por motivo de saúde ou fraqueza moral, ele não podia mais continuar.
A vida era dura no período da iniciação; aqueles que não podiam continuar, deviam descansar.

Alma-luz – a finalidade suprema dos Perfeitos. É o nome que os irmãos cátaros davam a Ka, o Osíris Negro, o verdadeiro Filho de Deus. A Jovem Fraternidade Gnóstica, em sua filosofia, fala do Espírito vivificante.

Consolamentum – a Antiga Fraternidade conhecia duas formas de consolamento; o consolamento dos moribundos, que lhes proporcionava consolação e repouso, e o consolamento dos Mortos-Vivos, os Iniciados.

Diáclase – espaços relativamente estreitos nas rochas, entre blocos de rocha que se juntaram sem se soldar durante um período geológico.

Escaravelho – o candidato no caminho de Kepler, Mès-Naut e Ka, o Osíris verde, era acompanhado pelo escaravelho sagrado, símbolo do renascimento, da ressurreição.

Estalactites – concreção calcária (alabastro) que se forma na abóbada das grutas.

Herança egípcia e sua natureza cósmica – todas as atividades verdadeiramente gnósticas do período Ariano, aí compreendido conseqüentemente o Cristianismo vivente, primitivo, que tinham e têm uma só mesma fonte – a Gnosis primordial egípcia de Hermes Trismegisto, a sabedoria dos grandes mistérios egípcios. Eles remetem o homem decaído de volta à sua origem universal – ao Filho Único de Deus.

Ka – o estado de homem-Deus do princípio, o verdadeiro homem-Deus à semelhança do Pai; na linguagem dos mistérios egípcios – Ka, alma-luz ou Osíris negro.

Lapis ex cœlis – uma muito antiga lenda nos conta que, ao cair do céu, Lúcifer teve uma queda tão pavorosa que uma asa de sua coroa de luz, ao bater contra um astro, quebrou-se, caindo sobre a terra, onde se espatifou em mil pedaços. Eis o *lapis ex cœlis*, a pedra dos céus! Uma partícula da coroa celeste original. De conformidade com essa alegoria, a Luz da Gnosis, por ser um toque do estado divino-humano primordial, foi denominada pelos irmãos cátaro de *lapis ex cœlis*.

Noviço e veterano – na comunidade dos cátaros era hábito que todo aluno, o noviço, tivesse um veterano (discípulo mais antigo) como acompanhante e conselheiro auxiliando-o no que fosse necessário. Chegando a um grau mais elevado de seu discipulado, um dos mestres seria, então, o Ancião.

Occitânia – era, na Idade Média, o nome do Languedoc. A Occitânia era antigamente uma região independente do sul da França, tendo Toulouse como capital. Compreendia, entre outros, os departamentos atuais do Haute-Garonne, Aude, Tarn, Haute-Loire, etc. Após a chamada cruzada contra os albigenses, ela foi, em 1271, ligada à coroa pelo rei da França.

Osíris – o Osíris verde e o Osíris negro. Na rubrica "Herança Egípcia", com referência aos mistérios egípcios, dissemos que eles remetiam novamente o homem decaído à sua origem universal, o Filho Único de Deus.
O caminho de retorno que o filho perdido deve percorrer para chegar ao Pai é denominado, nos mistérios egípcios, o caminho do Osíris verde ao Osíris negro.

O Osíris verde é o candidato sério que, conscientemente, pela mão da Gnosis, empreende com perseverança o caminho de retorno.
Ele deverá, então, aparecer diante do *Tribunal de Osíris* isto é, provar, por meio de um novo comportamento, que está preparado para continuar sua iniciação interior e elevar-se até o Osíris negro, que é a meta suprema, o retorno, a integração com o Pai.
Na linguagem dos mistérios egípcios esse tríplice caminho é também chamado:
Kepler – Mès-Naut – Ka.
Ou, simbolicamente:
a lagarta – a crisálida – o inseto perfeito (a borboleta).
É o antigo caminho da transfiguração, o caminho da alma vivente ao Espírito vivificante ou, como na linguagem dos irmãos cátaros:
formação – reformação – transformação.

Pai-nosso – os cátaros diziam essa prece tal como a encontramos no Evangelho de Lucas. Eles julgavam inúteis a adição de *seja feita tua vontade* e o *livra-nos do maligno* e o explicavam da seguinte maneira – "Esta Prece foi dada por Jesus aos seus discípulos, para quem a vontade de Deus era a única lei"; e ainda mais – *Venha o teu reino* diz tudo, pois a vontade de Deus se cumpre irresistivelmente, mesmo em nosso estado de queda.

Porto do catarismo – um porto é um lugar tranqüilo onde os barcos estão em segurança contra os perigos do mar, e onde um quebra-mar sólido os protege contra a fúria das ondas; onde o quebra-mar termina encontra-se um farol que dirige os navegantes, mostrando o bom caminho.

Nesse sentido é que o grande círculo Tarascon-Ussat-Ornolac, com suas grutas de iniciação, foi denominado porto seguro e tranqüilo do catarismo; a montanha do Tabor, o Tabor pirenaico, o caminho dos cátaros para São Bartolomeu, o quebra-mar; e Montségur, ao longe, em direção à Occitânia, refúgio dos Perfeitos, iluminava como um verdadeiro farol espiritual todo o Languedoc.

Puros, perfeitos, bons-homens – esses nomes eram dados àqueles que, no caminho dos mistérios cristãos, haviam operado em seu ser a *reformação* e desde então, a serviço do mundo e da humanidade, tal como verdadeiros discípulos de Cristo, galgavam o *caminho das estrelas*, o caminho da transformação (ou transfiguração). Fazendo alusão a esse estado de Puro, a Jovem Fraternidade Gnóstica fala da alma renascida, a alma-espírito, que pela sua ligação restabelecida com o Espírito, obteve novamente a participação na sabedoria divina, a Gnosis.

Resch, Iesmon, Chrismon, etc. – todos eles fazem parte da Gnosis, a ciência divina, vivente e profunda do cristianismo mais puro. São sinais e símbolos que encontramos também nas catacumbas – por exemplo, o peixe, a âncora, o Chi, o resch P., etc.

Sabartez – antigo nome da parte sudeste da região atual do Ariége, nos Pireneus. Essa região foi habitada, no tempo dos romanos, pelos Tarusconienses de Plínio, da qual Tarusco, a atual Tarascon-sur-Ariège, bem perto de Ussat, era a capital.

Spoulga – palavra derivada do velho latim *spelunca*, ou seja, gruta fortificada.

Toledo – os antigos manuscritos de Toledo:
Chrestien de Troyes e Guyot de Provins, trovadores da corte de Champagne, em Provins, eram os freqüentadores das cortes de Toulouse, de Carcassonne, de Foix, de Tudelle e de Toledo. Uma universidade árabe-judaica-espanhola, muito florescente nessa época, foi a glória de Toledo.
Foi nos velhos papéis dessa universidade que Kyot (deformação de Guyot de Provins) encontrou o fio de ouro de Parsifal. O poeta alemão Wolfram von Eschenbach, hóspede assíduo das cortes acima mencionadas e amigo dos trovadores, tirou das narrações de Kyot e de Chrestien os dados para os seus poemas. Esse mesmo caminho foi seguido por Wagner para idealizar o seu *Parzival* alemão.

A vida é a morte; a morte é o beijo de Deus – que o leitor esteja bem consciente, na leitura deste livro, de que as citações desse gênero, e muitas outras, colocam-no em relação com os Mistérios mais profundos da vida. Que nesta ocorrência ele pense nas palavras de Cristo: "Aquele que deseja perder sua vida por amor a mim, encontrará-la-á".

Veterano – ver noviço

Montségur,
vista aérea do castelo

LECTORIUM ROSICRUCIANUM
ESCOLA INTERNACIONAL DA ROSACRUZ ÁUREA
www.lectoriumrosicrucianum.org.br
info@lectoriumrosicrucianum.org.br

LIVROS PUBLICADOS PELA

EDITORA ROSACRUZ

OBRAS DE J. VAN RIJCKENBORGH

- O advento do novo homem
- A arquignosis egípcia – t.1, t.2, t.3, t.4
- Christianopolis
- Dei Gloria Intacta
- Análise esotérica do testamento espiritual da Ordem da Rosacruz:
  - Vol.I: O chamado da Fraternidade Rosacruz
  - Vol.II: Confessio da Fraternidade da Rosacruz
  - Vol.III: As núpcias alquímicas de Christian Rosenkreuz - t.1
  - Vol.IV: As núpcias alquímicas de Christian Rosenkreuz - t.2
- Filosofia elementar da Rosacruz moderna
- Um novo chamado
- O Nuctemeron de Apolônio de Tiana
- O remédio universal

CATHAROSE DE PETRI

- Cartas
- A Rosacruz Áurea
- O selo da renovação
- Sete vozes falam
- Transfiguração

CATHAROSE DE PETRI E J. VAN RIJCKENBORGH

- O caminho universal
- A Gnosis universal
- A grande revolução
- O novo sinal
- Reveille!

A. GADAL

- No caminho do Santo Graal

HERMES TRISMEGISTO

- Do castigo da alma

KARL VON ECKARTSHAUSEN

- Algumas palavras do mais profundo do ser

MIKHAIL NAIMY

- O livro de Mirdad

OUTROS TÍTULOS

- O evangelho dos doze santos
- Trabalho a serviço da humanidade
- O caminho da Rosacruz nos dias atuais

LIVROS PARA A MOCIDADE

- Histórias do roseiral
- A luz sobre a montanha de cristal
- Os pequenos órfãos
- João Ultimonascido

REVISTA PENTAGRAMA

Uma edição bimestral que se propõe a atrair a atenção dos leitores para o desenvolvimento da humanidade

EDITORA Rosacruz

EDITORA ROSACRUZ
Caixa Postal 39 – 13 240 000 – Jarinu – SP – Brasil
Tel (11) 4016.4234 - fax 4016.3405
www.editorarosacruz.com.br
info@editorarosacruz.com.br

Impresso pela Geográfica
a pedido da Editora Rosacruz em outubro de 2004